Nuevo Diccionario De los Sueños

Guía práctica para interpretar más de 2,000 sueños y conocer cómo afectan tu vida diaria

Aimee SBP™
Aimee Spanish Books Publisher
www.AimeeSBP.com
1(888) AIMEE41   1(888) 246-3341

Aimee SBP™
Aimee Spanish Books Publisher
www.AimeeSBP.com
1(888) AIMEE41   1(888) 246-3341

ISBN10: 1-934205-01-X

ISBN13: 978-1-934205-01-3

Copyright © 2006 By Aimee Spanish Books Publisher
All rights reserved. No part of this book may be reproduced
in any form without written permission from the publisher.

Todos los derechos son reservados. Ninguna parte de esta publicación,
incluido el diseño de cubierta, puede ser reproducida, almacenada,
transmitida o utilizada en manera alguna ni por ningún medio ya sea
electrónico, óptico, de grabación o electro gráfico, sin el
previo consentimiento de la editorial, excepto cuando se utilice
para elaborar reseñas de la obra, críticas literarias y/o ciertos usos
no comerciales dispuestos por la ley de Copyright.

Printed in the USA

— A —

Abandono, abandonar: Si nos dejan abandonados: Si nos abandona gente poderosa o nuestro amante indica la posibilidad de liberarnos de su dominio. Si nos abandona nuestra madre tendremos problemas económicos. Si es el padre, indica nuestra falta de voluntad para realizar nuestros proyectos. Cuando se trata de nuestro cónyuge nos indica que tenemos conflictos por nuestra causa. Si eres tú quien abandona: lo que abandonemos en este sueño nos indicará qué o quién es lo que nos atormenta y lo que debemos modificar o de lo que debemos liberarnos.

Abanico: Indica que se disfrazan las verdaderas intenciones. Es un signo de coquetería. Quien maneja el abanico es quien lleva la iniciativa en el mundo real pero con falta de franqueza, deslealtad e intriga. Si somos nosotros actuaremos con frivolidad.

Abdomen: Si nuestro abdomen engorda nos indica riqueza y honores profesionales; si adelgaza indica pobreza. Si es de otra persona te avisa que alguien te quiere traicionar o mentir. Ver estómago.

Abecedario: Sus deseos y aspiraciones encontrarán nuevas posibilidades.

Abeja: Es un símbolo de trabajo y de éxito laboral. Verlas en libertad es un presagio feliz. Verlas de flor en flor indica un amor naciente. Si te pica una abeja existe un peligro para nuestra reputación. Si están enfurecidas o nos atacan indica problemas con los asociados o dejadez en el trabajo. Matarlas indica que la ruina es inevitable y está próxima. Destruir la colmena señala que somos antisociales e inadaptados con el entorno.

Abejorro: Indica que alguien intenta perjudicarnos. Si lo matamos descubriremos las trampas.

Abismo: El abismo representa un peligro. Si caemos en él, nos avisa de un final desastroso de cualquier índole. Si caemos pero podemos salir es que existe una posibilidad de apartarnos con muchas dificultades del desastre. Lo mismo ocurre si pasamos sobre el abismo por un frágil puente. Si lo vemos, pero no caemos en él estamos a tiempo de evitar los males. Ver Acantilado, Precipicio.

Abogado: Si tú eres el abogado, serás responsable de las dificultades de otra persona. Si vemos un abogado, seremos nosotros los que tendremos las dificultades.

Abordar: Indica la necesidad de cambiar. Si somos la víctima del abordaje es que deseamos un cambio profundo, pero no encontramos la forma de hacerlo. Si los que abordamos con éxito somos nosotros, el sueño nos indica que ha llegado el momento de intentar ese cambio. En caso de no salir triunfadores del abordaje, deberemos posponer el cambio para un momento más propicio.

Aborto, abortar: Augura que algo no llegará a feliz término. Si vemos o participamos en el aborto, corremos el peligro de que nos alcance una enfermedad.

Abrazar: Suele indicar la partida de un amigo y es un aviso de que no todas las muestras de afecto son sinceras.

Abrigo: Si eres tú el que lo viste, escondes tu verdadera personalidad. Si el que lo lleva es otro, esconde intenciones egoístas.

Absolución: Si la recibimos nosotros es un augurio afortunado. Si es otro el que la recibe tenemos un gran sentido de la amistad.

Abuelos: Si están vivos es un presagio favorable: éxito en sus empresas. Si aparecen con reproches, te alertan de que podrías cometer errores. Si están muertos, puedes recibir noticias tristes. Escucha sus consejos. Si están enfermos, augura preocupaciones y dificultades.
Aburrido, aburrirse: Dificultades. Aquellos que compiten contigo por un mismo objetivo lo tendrán fácil. Sólo tú puedes defender tu causa.

Academia: Sufrirás desdichas.

Acantilado: Nos indica que tendremos dificultades, salvo que lo escalemos. Ver Abismo, Precipicio.

Acariciar: Indica buenos sentimientos, nobleza y alegrías.

Accidente: Indica nuestro temor a tomar una decisión importante. Puede indicar que en nuestro camino surgirá un gran obstáculo. Si escapamos del accidente, nos libraremos de una situación comprometida. Si únicamente lo vemos, tendremos alguna contrariedad sin consecuencias.

Aceite: Éxito y prosperidad, sobre todo si nos lo vierten sobre la cabeza. Si se rompe un recipiente lleno de aceite indica desgracia.

Aceitunas: Verlas en el árbol es un presagio feliz. Si están en el suelo presagia problemas afectivos.

Acera: Si nos subimos a la acera hemos alcanzado cierta seguridad en la vida. Si paseamos por ella, nos sentimos seguros de nuestra posición. Si bajamos de ella indica que podemos perder una situación que nos da seguridad.

Acero: Indica éxito gracias a su voluntad, firmeza, solidez y decisión.

Aclamar: Si somos aclamados señala peligro. No te dejes arrastrar por las bajas pasiones.

Acogido, acoger: Si acogemos a alguien, nos veremos protegidos y apoyados en nuestras actividades por la misma persona. Si rechazamos a una persona en sueños indica la cercanía de una amenaza de traición.

Acolchado: Dulzura y ternura. Todos te querrán.

Acomodador: Según las circunstancias del sueño nos situarán en un buen o mal puesto en lo profesional.

Acompañado, acompañar: Tendremos una visita inesperada que nos alegrará.

Acordeón: Felicidad en las relaciones familiares.

Acostado, acostarse: Estar acostado solo presagia un período de incertidumbre. Estar acostados a la intemperie es solamente una incomodidad transitoria. Estar con una persona del mismo sexo, sentiremos tormento por lo que dirán los demás. Si es con una persona de otro sexo indica que nuestros problemas terminaron.

Acróbata: Si realizamos la acrobacia con éxito, saldremos fortalecidos de la situación actual. Si la realizamos sin éxito, fracasaremos o tendremos pérdidas económicas.

Actores: Verlos significan placeres frívolos y serlo éxito.

Acuarela: Tranquilidad en un período agitado de la vida.

Acuario: Ver los peces nadando es una señal de tranquilidad y felicidad.

Acueducto: Si se encuentra en buen estado señala abundancia. Si está viejo y abandonado, pobreza.

Acumular: Tratándose de dinero debemos tener cuidado pues nos amenaza una posible pérdida. Si se trata de objetos, alguien conspira contra nosotros.

Acusado, acusar: Si el acusado eres tú es un presagio de alegría. Si el acusado es otra persona presagia inquietudes de todas clases.

Adán y Eva: Próximo nacimiento en la familia. Éxito afectivo y profesional.

Adelantarse: Este sueño indica que el soñador tiene unas ambiciones excesivas.

Adelgazar: Es un aviso para que cuidemos nuestra salud.

Adiós: Si alguien se despide de nosotros, abandonaremos algo que no nos beneficia nada. Si somos nosotros los que nos despedimos de una persona indica que pronto volveremos a verla. Si en la despedida lloramos, nos espera una gran felicidad.

Adivinar: Soñar que consultamos cualquier medio de adivinación presagia angustias. Si somos nosotros los que predecimos la suerte a otras personas indica que éstas nos serán de utilidad.

Adolescente: Este sueño señala ideales imposibles. Búsqueda de una pareja demasiado perfecta.

Adoptar: Si en la realidad no tienes hijos el sueño indica que desearías tenerlos. Si los tienes significa que cargamos con responsabilidades que no nos corresponden. Esto puede ser causa tanto de admiración como de obstáculos.

Adorar: A Dios o a la Virgen es un indicio de alegrías y paz. Adorar a una persona augura problemas sentimentales sin consecuencias.

Adornos: Dignidades y honores.

Aduana: Verla o detenerse ante ella significa obstáculos en sus actividades. Pasar la aduana indica un progreso favorable. No poderla pasar pronostica mala suerte.

Adulterio: Disconformidad con el comportamiento de nuestra pareja.

Aeropuerto: Los instantes de espera antes de iniciar un viaje simbolizan nuestras dudas. Todo lo que suceda en el aeropuerto será una premonición de lo que nos espera. Si el avión se retrasa o no llega, tendremos impedimentos para tomar un nuevo rumbo en nuestra vida. Si todo transcurre felizmente, los presagios no pueden ser mejores.

Afeitar: Será engañado por amistades o familiares.

Agenda: Para que en tu hogar las cosas marchen bien deberás rechazar una cita.

Agonía: Augura un cambio radical. Si estamos enfermos indica que sanaremos muy pronto. Si estamos sanos, tenemos que vigilar nuestra salud.

Agricultura: Es signo de felicidad. Si el campo está bien cuidado indica felicidad floreciente. Si el campo está descuidado es la felicidad del conformista.

Agua: El agua en el lenguaje de los sueños es muy significativa. Simboliza la vida y los sentimientos, es decir, la vida interior de las personas. Cuando el agua es clara y limpia anuncia una vida tan larga y feliz como nuestros sentimientos. El agua mineral simboliza convalecencia, mejoría de la salud. El agua bendita, salud física y espiritual. Si el agua es sucia o estancada pronostica males y desgracias de carácter moral. Si el agua se presenta amarga, turbia o amarillenta pronostica enfermedad. Corrompida, vivir con rabia en el cuerpo. Estancada, pérdida de libertad. Negruzca, matrimonio desgraciado. Recibir agua en un recipiente indica salud. Recibir agua y guardarla sin beber indica avaricia. Si nosotros llevamos agua a otra casa recibiendo dinero, en realidad estamos vendiendo nuestra honradez y pureza. Si la llevamos sin cobrar demuestra piedad y religiosidad. El agua de lluvia pronostica abundante cosecha, salvo que empape la tierra y desaparezca rápidamente, entonces indica pérdida de bienes y humillaciones. Si caen goteras en una casa sin que esté lloviendo, anuncia duelo en esa casa. Si sólo es una gotera lo que anuncia son sufrimientos y peligros para el soñador. Si el agua, no importa su procedencia, corre por la casa es un mal presagio. Si vemos manar agua de las paredes indica duelo por parientes o amigos. Ver manar una fuente de agua dentro de la propiedad del soñador, anuncia gran prosperidad material acompañada de buenos sentimientos. Caminar sobre el agua nos dice que estamos atravesando un período peligroso. Si nos hundimos, corremos grave peligro. Ver mucha agua agitada por el fuerte oleaje presagia penas y sufrimientos. Si el agua es apacible y tranquila significa felicidad. Si nos miramos en el agua y nos reflejamos claramente indica que conseguiremos riqueza. Si nos refleja más bellos de lo que somos en la realidad, encontraremos amor en los demás. Beber agua fría presagia salud y caliente enfermedad. Bañarse en agua fría presagia incomprensión. Templada, felicidad y muy caliente, separación o divorcio.

Aguacate (Palta): Eres apreciado por tus amigos.

Aguacero: Suerte y éxito financiero.

Águila: Soñar con un águila representa dominio y triunfo cuando nos identificamos con ella. Angustia si nos infunde temor o dolor. Si la vemos volando tranquila, en la vida real estamos a punto de sacrificarlo todo por un ideal. Si te ataca indica que te ves incapaz de asumir la responsabilidad de un amor verdadero. Verla volar ascendiendo al cielo señala que veremos conseguidos nuestros objetivos. Si vuela lento o interrumpidamente indica retrasos. Si está inmóvil, no alcanzaremos el fin propuesto. Si cae, lo mismo ocurrirá con nuestros proyectos. Si la vemos volando con su presa, deberemos tener cuidado con nuestros enemigos. Si se abalanza sobre nosotros o nos hiere, corremos peligro. Verla enjaulada augura humillación.

Agujas: Si son de ganchillo o de tricotar indica que nos enteraremos de lo que se dice de nosotros a espaldas nuestras. Si las agujas de coser están con hilo son un buen augurio. Sin hilo, rotas o nos pinchamos con ellas, son mal augurio. Si son alfileres presagia pequeñas decepciones causadas por los amigos.

Agujerear: Sus familiares no están conformes con su actitud.

Agujero: Indica peligro para su reputación. Si desde el borde el soñador quiere examinar el fondo, su situación mejorará. Si cae tendrá grandes dificultades.

Ahijado: Una amistad nos ayudará en breve.

Ahogado, ahogarse: Verlo es un buen augurio, anuncia una herencia o el ascenso en el trabajo. Ahogarse indica contrariedades en cualquier ámbito, salvo que estemos cansados en la vida real, lo que entonces indica que necesitamos unas vacaciones.

Ahorcado: Verlo indica pérdida de dinero. Serlo presagia la recuperación de cosas perdidas.

Aire: Si el aire es una suave brisa, nos espera una época tranquila y si es perfumado aún mejor. Si está agitado augura peligro cercano y si es frío indica la pérdida de un amigo sincero. Si es brumoso nos dice que seamos prudentes. Si es oscuro tendremos problemas con nuestros superiores, aunque si se aclara nos estará diciendo que fueron malos entendidos y todo se solucionará.

Ajedrez: Todo saldrá según nuestros cálculos.

Ajo: Discusiones con parientes.

Alarma: Cambio de situación y contrariedades.

Alas: Es el signo de la victoria, sé un poco lanzado y verás un cambio en tu situación.

Albañil: Realización de sus proyectos.

Albergue: Si está lleno anuncia un próximo reposo. Si está vacío, una desgracia.

Albóndigas: Si son de carne augura curación y situación estable.

Álbum: Recuerdos felices. Este sueño marca el fin de una época de su vida.

Alcachofa: Para alcanzar el amor que deseamos debemos ser pacientes y persistir con ternura.

Alcalde: Personas influyentes intervendrán en su favor.

Alcancía: Reduzca sus gastos.

Alcantarilla: Peleas violentas.

Alce: Si van en manada indica prosperidad y éxitos cercanos. Si se le mata, proyectos frustrados.

Alcohol: Señala la deslealtad y falsedad de quienes le rodean.

Aldea: Si es agradable y soleada augura una vida serena. Si es triste y abandonada indica un cambio en su manera de vivir. Si es pequeña, se avecinan sucesos muy agradables.

Alergia: Mala suerte.

Aleta: Presagio positivo. Tomará importantes decisiones. Si la aleta está rota indica falsas esperanzas.

Alfabeto: Numerosos sacrificios.

Alfalfa: Ambiente familiar feliz.

Alfiler: Anuncia discordias familiares y pérdidas financieras.

Alfombra: Si caminamos sobre ella indica que viviremos con holgura gracias a nuestro trabajo. Si la encontramos extendida donde no debiera, indica que estaremos dispuestos a recurrir a cualquier medio para conseguir nuestros propósitos.

Algodón: Empieza una época delicada. Tendrá felicidad.

Alimentos: Si son agradables de comer indica acontecimientos prometedores y si son amargos angustia y soledad. De sabor muy fuerte, afrentas. Muy calientes nerviosismo y muy fríos molestias de salud. Cocinarlos, acuerdo familiar. Ofrecerlos, felicidad en el hogar y rechazarlos conflictos familiares.

Alma: Ver un alma en pena indica inquietudes y pobreza. Verla subir al cielo anuncia una noticia afortunada.

Almendras: Si están en flor indica la feliz realización de nuestros proyectos, pero si cae la flor indica próximas decepciones. Si vemos las almendras pero no las tocamos presagia dificultades. Si las recogemos, nos espera la felicidad. Si las sacamos de la cáscara augura ganancias. Si son amargas indica disturbios familiares sin consecuencias.

Almidón: Confianza mal depositada.

Almohada: Goces afectivos salvo que esté sucia y rota lo que significará tristeza y soledad.

Almorzar: Ver Comer.

Alojarse: Si el lugar es desconocido anuncia problemas y si es un lugar agradable anuncia un período feliz.

Alpinista: Logros en sus empresas y salud excelente.

Alquilar: Anuncia cambios en sus condiciones de vida.

Alquimista: Es un aviso para que saque más provecho de las enseñanzas que recibe.

Altar: Si aparece en buenas condiciones es un buen augurio, presagia el matrimonio nuestro o de algún conocido. Si está destruido es un mal presagio, la pérdida de la consideración.

Altavoz: Anuncia noticias importantes a las que acudirá con eficacia y rapidez.

Altura: Indica que a más altura mayor será el éxito.

Alumnos: Serlo indica inquietud por sus hijos. Verlos indica que tiene dudas sobre su situación.

Aluviones: Augura un mejor porvenir.

Ama: Le advierte que debe tener cuidado con su alimentación.

Amamantar: Anuncia una posible maternidad.

Amanecer: Finalizan nuestras penas. Renovado optimismo.

Amante: Si no tienes ninguna relación sentimental indica que existen perspectivas favorables para la felicidad. En caso contrario significa que habrá disputas y engaños.

Amargura: Cuando se refiere a nuestro estado de ánimo significa gran alegría. Si se refiere a un sabor indica éxito en las operaciones comerciales.

Amarillo: Es el color de la intuición y de la inteligencia.

Amasar: Indica que eres demasiado codicioso.

Ambulancia: Si la ambulancia contiene algún herido, alguien a quien estimamos es amenazado por algún peligro. Si el herido habla o se mueve indica que pronto tendremos noticias de alguien que habíamos olvidado.

Amenazas: Corremos riesgo de disputas por rencores y celos.

Ametralladora: Si funciona bien predice éxito. Si se encasquilla o no funciona bien indica que por más que nos esforcemos será imposible conseguir lo que deseábamos.

Amigo: Si en la realidad estamos atravesando una crisis, soñar con un amigo indica que la crisis está terminada. Si nuestra situación real es normal, debemos examinar cómo va vestido: si va mejor vestido que en la realidad, señala que nuestra amistad es sólida. Verlo desaliñado o sucio indica que nuestra amistad va en declive. Si aparece tal y como es, anuncia que recibiremos noticias, su visita o que nos encontraremos con él.

Amor: Si se está enamorado, este sueño es un reflejo de sus anhelos. Si no se está enamorado y nos vemos desgraciados es que nos aman y viceversa.

Amoríos: Calumnia y habladurías.

Ampolla: Empresa afortunada.

Amputación: Si nos vemos con las manos amputadas es que nuestra situación mental nos impedirá hacer algo a derechas. Si lo que vemos amputada es una pierna, es que nos es muy difícil andar como Dios manda.

Analfabeto: Serlo significa que pasaremos un período de incertidumbre. Verlo es que usted se impone con facilidad.

Análisis: Augura éxito en los negocios.

Ancianos: Es un sueño benéfico y protector. Si el soñador realmente es de edad avanzada representa sabiduría. Estos sueños siempre son trascendentales e impresionan. Si el anciano es malvado, lo que refleja el sueño es nuestra maldad oculta.

Ancla: Echar el ancla o ver que alguien la echa, es un aviso para meditar si andamos por el buen camino. Si arriamos el ancla, ya es hora de que nos pongamos en acción.

Andamio: Si es sólido, nuestros proyectos se realizarán con éxito. Si lo vemos tambaleándose o hundido, también se hundirán nuestros proyectos. Si estamos subidos en él, según el estado del andamio, se incrementarán tanto para bien como para mal. Si alguien nos conduce hacia el andamio, no dependerá de nosotros el éxito o el fracaso.

Andrajos: Intrigas y disputas. Si los andrajos los llevamos nosotros nos anuncia miserias morales.

Anfiteatro: Verlo indica que somos demasiado ambiciosos. Estar en uno indica que algún allegado corre peligro.

Ánfora: Si está llena indica alegría profunda. Si está vacía o rota, peligro cercano.

Ángel: Soñar con ángeles u otros seres celestiales es uno de los mejores sueños que se pueden tener. Auguran el fin de todos los problemas que en estos momentos atormentan al soñador. En el sentido espiritual este sueño refleja nuestra entrega al Supremo. Si los ángeles están tristes, amenazadores o furiosos, el cambio es para mal y en un sentido espiritual reflejan nuestros temores e inseguridades.

Anguila: Si están vivas y escurridizas se nos presentará una oportunidad que no esperábamos. Si están fuera del agua o muertas indica que no hemos sabido aprovechar las oportunidades.

Anillo: El anillo es un símbolo de continuidad a la vez que protege y aísla. Si es una alianza de boda, indica que existe una promesa de matrimonio. En caso de ser un sello es símbolo de poder. Si se rompe una alianza anuncia la ruptura del matrimonio. Perder un anillo augura disputas con quien nos lo dio. Ponérselo a otra persona indica nuestro deseo de dominarla.

Aniversario: Riñas y querellas.

Antena: Usarla indica que recibirá noticias de lejos. Si es defectuosa indica contrariedades.

Anteojos: Símbolo de descubrimiento y revelación.

Antepasados: <u>Si ya fallecieron</u>: si están irritados o tristes presagia peleas. Si están alegres el acontecimiento será alegre y beneficioso.

Si aún viven: se dice que este sueño alarga la vida. También es reflejo de añoranza de tiempos pasados mejores.

Antigüedades: Recibiremos un legado inesperado aunque alguien intentará arrebatárnoslo.

Antorcha: Llevarla encendida es presagio de alegría. Si está apagada o se nos apaga, se aproxima alguna calamidad.

Anuncios: Si los leemos de un periódico presagia que realizaremos un hallazgo importante. Si somos nosotros los que ponemos uno, presagia un cambio en nuestra situación.

Anzuelo: Presagio de traición.

Apagar: Si es la luz de una lámpara o una vela anuncia dificultades. Si se trata de un incendio, sus preocupaciones cesarán. Si lo que apagamos es nuestra sed anuncia éxitos y logros.

Aparición: Si nos encontramos ante una aparición sobrenatural indica que estamos en el buen camino y conseguiremos nuestros deseos.

Apartamento: Si es lujoso indica que realizamos gastos excesivos. Si es modesto significa que podremos realizar nuestras esperanzas. Si lo visitamos y no es nuestro, cambiará nuestra situación actual según sea el estado del apartamento.

Aperitivo: Presagia triunfo en la vida.

Apetito: Buen apetito augura momentos de felicidad. Mal apetito significa contrariedades.

Apio: Indica infidelidades.

Aplanar: Relaciones íntimas con peligro de romperse.

Aplausos: Si es aplaudido, sus amigos no merecen de su confianza. Si es usted quien aplaude indica que actúa con ligereza.

Apóstol: Verlo indica que debe buscar una persona de confianza que le aconseje sobre sus empresas. Serlo anuncia éxito en los negocios.

Apoyo: Sus parientes y amigos le ayudarán a resolver una situación delicada.

Aprender: Evolución de su situación financiera.

Aprendiz: Verlo anuncia noticias agradables. Serlo, éxito en sus actividades.

Aprietos: Estar en aprietos advierte que debe reflexionar sobre la solución de sus dificultades. Ver a otras personas en aprietos indica que ha llenado de dudas y perplejidad a sus rivales.

Apuesta, apostar: Anuncia que perderemos el dinero de una forma absurda.

Arado: Este sueño garantiza el éxito y una buena vejez.

Araña: Presagio desagradable. Ha cometido alguna indiscreción que le llevará a trampas o engaños.

Arañar: El que araña es quien desea perjudicar a alguien, mientras que el arañado será el perjudicado.

Arar: Siendo la tierra fértil significa buena cosecha. Si es árida, infortunio y calamidades.

Arbitraje: Busque alguien que le aconseje bien.

Arbitro: Injusticia.

Árbol: Símbolo de protección material. Si vemos uno o varios árboles frondosos y robustos, mayor será la protección. Si son árboles débiles es un indicio de que estamos desvalidos. Si están llenos de flores o frutos fuera de temporada indica pena. Si esto ocurre en la estación correcta presagia amistad y amor. Secos, indica infortunio. Con ramas rotas, enfermedad. Colmado de hojas verdes, ganancias. Subirnos a uno, honores y fortuna. Caerse, pérdida del favor de nuestros superiores. Si la caída es desde poca altura, ridículo. Si en el árbol anidan pájaros, éxitos y fortuna. Si estos pájaros son negros, querrán perjudicarnos por envidia.

Arcilla: Se esforzará para superar numerosos obstáculos.

Arco iris: Simboliza el fin de los problemas y calamidades. También incremento de riqueza. Si aparece por oriente augura incremento de bienes y salud. Si es por occidente augura la curación de los enfermos. Si aparece sobre nuestras cabezas es el sueño de quien ha ganado el equilibrio y la paz interior.

Arco: Indecisión en el amor. Si el arco está íntegro no tardaremos en resolver las dudas. Si lo vemos roto, nos falta tiempo para resolverlas.

Ardilla: Símbolo de superficialidad.

Arena: Si nos encontramos en una playa con arena fina augura placidez y sensualidad. Si caminamos fatigosamente sobre ella refleja temor. Si tenemos arena en la comida o ropa, angustia por nuestra situación económica.

Argolla: No somos del todo honestos.

Arlequín: Relaciones hipócritas.

Arma: Si es cortante indica problemas familiares. De fuego, complot contra el soñador.

Armadura: No somos tan indefensos como nos creemos.

Armario: Si es un armario de cocina y está vacío indica que nos encontraremos en una situación embarazosa por falta de previsión. Si está lleno presagia bienestar gracias al trabajo.

Armazón: Si es sólido, nuestra empresa será un éxito. Si aparece débil, fracasarán nuestros proyectos.

Armónica: Momentos de placer en familia.

Aro: Felicidad en el medio familiar.

Aromas: Se encontrará en una posición social envidiable.

Arpa: Suerte en el amor y en los negocios.

Arpón: Deberá tomar alguna decisión con prontitud.

Arquero: Serlo significa mala suerte. Verlo augura perspectivas de una próxima mejoría.

Arquitecto: Recurrirá a una ayuda exterior para solucionar una situación delicada.

Arrancar: Si arrancamos o vemos que se arrancan hierbas perjudiciales, el destino juega en nuestro favor.

Arrecife: Obstáculos en nuestros proyectos.

Arrepentirse: Soñar que nos arrepentimos de una falta significa que en la vida real estamos a punto de cometerla.

Arresto: Si los arrestados somos nosotros indica celos e incomprensión. Si es otra persona la arrestada indica que tenemos sentimiento de culpabilidad.

Arrodillarse, arrodillado: Si alguien se arrodilla ante nosotros indica que soportaremos calumnias aunque nadie las creerá. Si somos nosotros los que nos arrodillamos ante una mujer, nos espera un engaño y si es ante un hombre nos espera una humillación.

Arroyo: Si sus aguas son apacibles significa alegría. Si sus aguas son turbias o está seco pronostica pérdida o enfermedad.

Arroz: Pronostica alivio y consuelo de las penas.

Arrozal: Augura ganancias después de mucho trabajo.

Arrugar: Sentimiento de fracaso.

Arrugas: Soñar que tenemos el rostro lleno de arrugas indica nuestro temor a envejecer.

Artesano: Presagio de buena salud.

Artificial: Evidencia que un socio está planeando una mala acción contra nosotros.

Artista: Verlo indica preocupaciones financieras. Si está pintando su retrato señala traición de una relación.

As: Ver en sueños un as del juego de las cartas indica que recibiremos buenas noticias y si son varias cartas indica que iniciamos un período de buena suerte.

Asa: Ver cualquier objeto provisto de un asa, nos promete una protección especial en la vida.

Asador: Si le damos vueltas a la carne mientras se asa, indica servidumbre si somos ricos y provecho si somos pobres. Cuando sólo vemos el asador tendremos que analizar de qué material está construido: si es de madera es que volverá a sonreírnos la fortuna; si es de hierro, nos espera un trabajo penoso aunque es posible que bien pagado.

Asalto, asaltar: Si somos asaltados no corren peligro nuestras pertenencias, salvo que sean soldados lo que nos indica que necesitaremos mucho valor para conseguir nuestros propósitos. Si los asaltantes somos nosotros, indica que nuestros éxitos los hemos logrado gracias a nuestra osadía.

Ascensor: Indica las subidas o bajadas de categoría, principalmente en un empleo y siempre debido a relaciones o influencias. Si el ascensor está vacío, hemos perdido una ocasión. Si está lleno de gente es que somos muchos los aspirantes a un mismo puesto.

Asegurar: Si lo que aseguramos es un objeto, es que nos estamos apoyando demasiado en ello para triunfar, cosa que no nos beneficia en nada.

Asesinar: Indica que tenemos graves conflictos internos. Se impone un análisis. Debemos desahogarnos haciendo por ejemplo deporte.

Asfalto: Complicados asuntos personales.

Asfixia: Ver Asma.

Asiento: El asiento refleja nuestra situación actual. Según sea el asiento de sólido será nuestra situación.

Asistenta: Tenerla a nuestro servicio indica desahogo financiero. Despedirla anuncia trastornos familiares.

Asistir: A una ceremonia augura un cambio favorable. A una recepción, alegría familiar. A un enfermo, contrariedades en sus proyectos. A un moribundo, terminamos una etapa y comenzamos otra con nuevas posibilidades.

Asma: Muchas veces significa que nuestro aparato respiratorio no funciona del todo bien. Otras veces indica que triunfaremos en una situación delicada. Soñar con un asfixiado anuncia problemas con un ser querido.

Asno: Los animales de carga reflejan la parte animal de la persona. Si el asno es fuerte y está sano, es símbolo de éxito y riqueza. Un asno débil o enfermizo augura pérdidas. Si está muerto nos dice que estamos en la ruina. Si compramos un asno, incremento de nuestros medios. Ver varios asnos presagia altercados con colaboradores o subordinados. La violencia contra el asno es la afrenta que recibimos o hacemos nosotros mismos. Si el asno está cargado es símbolo de éxito y fortuna. Ser perseguidos por uno, rebelión o traición. Vernos cargados como un asno significa que somos víctimas de nuestra personalidad inferior. Si vamos montados sobre el asno, estamos en el buen camino y lograremos cuanto nos proponemos. Si el asno es blanco indica alegría y optimismo. Si es rojo, pasión y cólera. Gris, tristeza y traición. Negro, fúnebre y pesimista.

Asociación: Si el sueño nos produce una sensación agradable nos esperan beneficios. Si la sensación es de inquietud, nos hallaremos ante una competencia despiadada.

Aspas: Cuanto más rápido se muevan las aspas, más ingresos tendremos. Vernos atrapados por ellas anuncia dificultades en las empresas.

Áspero: Peligro en un proceso.

Aspiradora: Augurio de felicidad recuperada.

Astilla: Discusiones y reproches de personas amigas.

Astro: Los astros simbolizan el destino. Cuanto más brillantes los soñemos mejor será el presagio y todavía mejor si es un solo astro esplendoroso en el firmamento si este es el caso, el éxito será inmediato. Si el astro soñado es débil y parpadeante también nuestro destino será decepcionante. Soñar con astros que caen, ennegrecidos e incluso sangrientos presagian grandes desastres.

Astrólogo: Consultarlo indica necesidad de consuelo. Serlo, búsqueda de un mayor conocimiento.

Astronauta: Progresiva mejoría en sus actividades profesionales.

Asustar, asustado: A una persona indica que seremos responsables de una situación desagradable. Ser asustado significa que se discutirá sobre nuestros intereses.

Atacar: Advierte que se avecinan contratiempos.

Atajo: Suele ser una manifestación de nuestro anhelo de triunfar.

Atar, atado: Soñarnos atados significa una dependencia que nos pesa demasiado. Si conseguimos desatarnos, encontraremos la liberación. Si atamos a alguien significa que cometeremos una injusticia, salvo que sea del sexo opuesto que significa atracción.

Ataúd: Significa el fin de una dependencia moral o material, salvo que estemos arrodillados ante él, en cuyo caso augura penas.

Atentado: Su destino se verá modificado de forma importante.

Aterrizaje: El aterrizaje presagia el feliz término de una situación.

Atleta: Si en el sueño somos nosotros el atleta y después en la vida real nos proponen un negocio, no lo debemos aceptar de inmediato, puede ser problemático. Reflexiona primero!

Atolladero: Errores que retrasan la evolución de sus negocios.

Atraco: Preocupaciones financieras. Si lo evitamos, feliz solución de sus problemas.

Atravesar: Una calle indica un cambio de situación. Un pasaje difícil señala que sabrá resolver sus problemas.

Atropello: Cometeremos una injusticia.

Atún: Labor paciente y solitaria en sus proyectos.

Audiencia: Anuncia un período con distinciones.

Auditorio: Usted está buscando una evolución que no alcanza a materializar.

Aula: Piense en otros planes para su negocio.

Aullido: Advertencia de que nos amenaza un peligro.

Aumento: Un aumento de sueldo anuncia felices modificaciones en su condición de vida. Que se demore o rehúse el aumento es señal de dificultades.

Aurora: Augura el fin de las penas y preocupaciones.

Ausencia: Soñar con una persona ausente augura su próximo retorno.

Autobús: Indica un cambio en nuestra vida. Subir a un autobús repleto de gente refleja la necesidad de relacionarnos con los demás. Si el autobús está vacío señala nuestra timidez. Si cuando llega el autobús, antes de que subamos al mismo, descienden pasajeros significa que este cambio de vida no es definitivo. Si sólo vemos el autobús indica que recibiremos una proposición que puede cambiar nuestra vida, pero todavía no hemos decidido si la aceptaremos o no.

Autógrafo: Búsqueda de estima y reconocimiento.

Automóvil: Es nuestra propia vida la que se halla representada y todo depende de nosotros. La gasolina representa nuestra capacidad energética. La carrocería, nuestro aspecto externo. El volante, la capacidad de control. Los frenos, la voluntad. El circuito eléctrico, la inteligencia. Los faros, nuestra capacidad de visión de los hechos. Si el automóvil está en buen estado es que tenemos confianza en nosotros mismos. Si se halla en mal estado representa nuestros temores. Si nos vemos solos conduciendo el automóvil indica deseos de independencia. Si viajamos acompañados, las actuaciones de los pasajeros, incluidos nosotros, nos revelará cuál es nuestra actitud con los que nos rodean. Si lo conduce otra persona significa que no nos sentimos dueños de nuestro destino.

Autopsia: Este sueño nos descubre nuestra capacidad de análisis.

Autor: Presagio feliz. Acontecimientos favorables.

Avalancha: Cuando una avalancha de tierra o cualquier otro elemento sólido cae sobre nosotros pero salimos ilesos, nos beneficiaremos de cierta cantidad de dinero. Si es de agua o nieve, nos veremos envueltos en problemas de los que saldremos victoriosos. Si la avalancha es de fuego, la premonición es del paso a un estado superior de conciencia. Cuando la avalancha es de tierra o materiales sólidos, cae sobre nosotros y perecemos, nos previene de un accidente. Cuando la avalancha cae sobre otras personas nos advierte de que corremos peligro.

Avaro: Miseria y soledad.

Ave: Simboliza el alma y su ansia de libertad. Ver pájaros volando por el cielo refleja impaciencia. Pájaros emigrando, deseo de cambio de ambiente. Si está enjaulado, nos vemos con la libertad limitada. Enjaulada, temblando de frío y con un ala o una pata rota indica que nuestra alma está prisionera. Ver un pájaro volar en un espacio limitado, chocando contra las paredes y finalmente posándose en nuestra cabeza revela que tenemos ideas fijas y pensamientos complejos. Si el sueño trata de una lucha con las aves nocturnas y revela nuestra lucha contra pensamientos destructores.

Avellanas: Alcanzaremos el fin propuesto después de superar dificultades.

Avena: Si la soñamos en grano o en el campo indica abundancia. Si está cortada y todavía verde significa pérdidas.

Avenida: Verla con árboles indica que conseguiremos lo que deseamos. Si los árboles son débiles presagia que tendremos muchas dificultades para triunfar.

Averías: Indica escasa confianza en nuestras posibilidades.

Avestruz: Se trata de un aviso para que seamos sinceros con nosotros mismos y reconozcamos la evidencia de lo que ocurre en nuestra vida.

Avión: Revela nuestro deseo de alcanzar un nivel superior.

Avispas: Si nos persiguen o nos pican, anuncia pequeños problemas. Si las matamos superamos los problemas.

Axilas: Más abultada significa felicidad. Menos abultada indica deficiencia. Con vello, protección frente a sus adversarios.

Ayuda, ayudado: Ofrecerla indica que será muy querido por sus amistades. Pedirla, cuenta con apoyo de sus amistades para resolver sus problemas.

Azúcar: Reuniones familiares placenteras.

Azufre: El azufre es símbolo de purificación. Verlo u olerlo en sueños, debe disipar sus celos.

Azul: Si el soñador es de naturaleza espiritual indica una mayor apertura hacia lo espiritual. Si somos más materialistas o terrenales este sueño representa una amenaza para sus esperanzas.

Azulejo: Procure que el mérito de su trabajo sea apreciado sino quiere verse condenado al anonimato.

— B —

Babero: Contrariedades que exigen una rápida resolución.

Baile: Si es de disfraces indica que para tener éxito con nuestra pareja debemos ser sinceros. Si bailamos con la persona amada indica que es una unión sólida. Si nos caemos mientras bailamos nos advierte para que no seamos tan altaneros. Si el sueño resulta desagradable denota temor en nuestra relación amorosa.

Bajar: Indica que hemos terminado una etapa de nuestra vida. Si el descenso es forzado o incontrolado refleja una situación a la cual no sabemos cómo hacerle frente.

Balanzas: Nuestro testimonio será requerido para aclarar un asunto confuso.

Balcón: Si nos encontramos solos presagia que serán reconocidos nuestros méritos. Si estamos con alguien del sexo opuesto, indica que mejorará nuestra situación actual, pero la gente murmurará de nosotros.

Baldío: Preocupaciones financieras.

Ballena: Por lo general somos engullidos por ella. En estos sueños es muy importante darse cuenta de nuestra actitud dentro de la ballena, pues supone si somos capaces o no de enfrentarnos con la vida cotidiana es decir si nuestra actitud es activa o pasiva.

Ballet: Molestias y contrariedades.

Balneario: Indica una necesidad de purificación.

Balsa: Indica un período de incertidumbre en el que debemos cuidar no caer en un negocio inseguro.

Bambú: Período de suerte y de prosperidad.

Banana: La banana es un símbolo sexual masculino.

Bancarrota: Una situación injusta tendrá una solución imprevista y feliz.

Banco (Institución financiera): Si guardamos dinero en un banco o joyas en una caja fuerte indica una necesidad de protección de quien lo sueña. Si sacamos dinero indica que a pesar de las dificultades nos queda energía para afrontar los problemas. Si el banco nos niega el dinero, debemos aceptar que nos encontramos en una situación comprometida.

Banco (para sentarse): Si es de madera indica que la proposición que nos han hecho es engañosa. Si el banco es de piedra la proposición deberá ser tenida en cuenta. Si es de hierro la proposición irá acompañada de un regalo. ¡Desconfiemos! Si se trata del banco de una iglesia, la proposición será de matrimonio. Si es el banco de una escuela indica que todavía tenemos mucho por aprender.

Banda: Verla desfilar con alegría indica que recibiremos noticias felices.

Bandera: Si vemos ondear una bandera presagia riqueza y honor. Si la portamos nosotros, reconocimiento a nuestro valor. Si la perdemos o nos la quitan indica pérdida de poder y mando. Si es la de nuestro país, nuestros méritos serán reconocidos. Siendo de un país extranjero, indica que sólo será reconocida nuestra capacidad en otro país. Si es la de un país imaginario es que nuestros sueños de grandeza no se cumplirán. Si la bandera es negra, estaremos luchando contra la enfermedad. Si es roja, luchamos por defender sentimientos. Si es violeta, por la libertad. Amarillo, por la inteligencia. Café (marrón), por nuestros intereses materiales. Cuanto más rota esté la bandera, mayores serán los reconocimientos a nuestros méritos y nuestro valor.

Bandidos: Si los bandidos nos atacan augura éxito y riqueza. Si se retiran sin atacarnos indica que perdemos la fortuna.

Baño: Si el baño es agradable indica salud tanto física como espiritual, sobre todo si el agua es clara y transparente. Si es turbia, demasiado caliente o demasiado fría indica que algo no marcha bien, pero si termina siendo agradable obtendremos un beneficio. Si la bañera está vacía o no nos metemos en ella indica ocasiones perdidas.

Banquero: Decepciones y pérdidas financieras.

Banquete: En caso de que el soñador sea profundamente religioso, el sueño indica placeres espirituales compartidos. En caso de ser una persona corriente, anuncia reuniones familiares agradables o con los amigos.

Bar: Sea prudente con sus relaciones, le pueden perjudicar.

Baranda: Si está en buen estado es signo de suerte y protección. Si forma parte de un lugar de espectáculos presagia amores fáciles y sin futuro. Si está rota, desilusiones y esperanzas frustradas.

Barba: Si nos afeitamos la barba indica que es momento de empezar una acción enérgica y directa. Si quien se afeita es otra persona, la situación en que nos vemos requiere medidas enérgicas y decididas. Si nos vemos con barba, nos avisa para que moderemos nuestras ansias de poder y dinero. Si aparecen personas barbudas, indica que en nuestras acciones debe primar la imaginación y el ingenio para alcanzar nuestros objetivos. Cuanto más hermosa y oscura, mayores son las posibilidades de éxito. Si es blanca, lo que ganaremos será prestigio y dignidad. Si es escasa o débil, serán escasas las posibilidades de éxito. Teñirse la barba, estaremos tentados a disimular. Lavársela, signo de ansiedad. Si aparece un barbero revela colaboración y ayuda de personas importantes.

Barco: Indica el fin de una etapa y el inicio de otra nueva. De lo que ocurra en el viaje se deducirá cuál es el mensaje del sueño. También indica un cambio en nuestra vida. Subir a un barco repleto de gente refleja la necesidad de relaciones con los demás. Si el barco está vacío señala nuestra timidez. Si cuando llega el barco, antes de que subamos, descienden pasajeros significa que este cambio de vida no es definitivo. Si sólo vemos el barco indica que recibiremos una proposición que puede cambiar nuestra vida, aunque todavía no hemos decidido si la aceptaremos o no.

Barranco: Si vemos el barranco y lo esquivamos significa que en la vida real esquivaremos el peligro. Si caemos en él, difícilmente lograremos triunfar. Ver Abismo, Acantilado, Precipicio.

Barrendero: Es una advertencia que está descuidando la solución en asuntos muy importantes.

Barrer: Resolverá sus problemas según sus deseos.

Barrera: Simboliza la dificultad de alcanzar un fin. Si aparecen barrotes cruzados, además de obstáculos tendremos penas. Si los barrotes están rotos o en la barrera existen puertas o algo que permita librar el obstáculo es un presagio favorable, pues tendremos medios para resolver nuestros problemas. Si la construimos nosotros mismos, los problemas también los generamos nosotros. Si la barrera se derriba, además de problemas corremos peligro. Si conseguimos mantenernos sobre la barrera, nuestro esfuerzo nos augura éxito.

Barriga: Nos indica que somos demasiado orgullosos.

Barril: Anuncia prosperidad y cuanto más vino contenga, mayor abundancia, éxito y prosperidad. Si contiene agua, alcohol, petróleo o aceite, fracasaremos por ser demasiado ambiciosos. Si contiene sardinas presagia que no nos faltará nunca lo más indispensable.

Barro: En caso de tratarse de barro para modelar indica que crearemos excelentes proyectos y triunfaremos. En caso de ser barro muy líquido, que sólo ensucia, presagia la caída en la inmoralidad aunque siempre es posible regenerarse.

Báscula: Ver Balanzas.

Bastón: Utilizado como arma presagia separaciones y rupturas cuyo culpable será el agresor. Si sirve de sostén, simboliza a nuestros amigos. Si está roto significa que la ayuda que nos prestan es ineficaz y fracasaremos.

Basura: A su alrededor existen malos sentimientos.

Basurero: Circunstancias desfavorables para sus intereses.

Bata: Sentimientos renovados y felicidad cercana.

Batalla: Indica injusticia hacia nosotros. Si vencemos a los enemigos presagia reconocimiento de nuestros derechos. Si perdemos, sufriremos humillaciones. Si somos heridos presagia sufrimientos morales.

Baúl: Ver Guardarropa.

Bautismo: Si lo presenciamos presagia que nuestros sentimientos hacia otra persona se purificarán y tendremos la necesidad de compartir nuestra vida con ella. Si el bautizo no es de un niño, se tratará de algo emotivo y entrañable.

Bayoneta: Verla significa querellas. Usarla indica que prevalecerá sobre sus adversarios. Si la usan otras personas, sufrirá a causa de sus enemigos.

Bazar: Debemos poner orden en nuestros razonamientos, ya que existe falta de coherencia en nuestras ideas.

Beata: Signo de propósitos malévolos contra nosotros. Golpearla significa que acabaremos con los difamadores.

Bebé: Es signo de felicidad en el hogar. Si nos vemos convertidos en bebé indica que el soñador se siente muy amado y atendido.

Beber: Si bebemos vino en un lugar agradable presagia que se aproximan tiempos felices. Si bebemos de un vaso lujoso, la fortuna nos será propicia. Si lo que bebemos es amargo nos previene de una posible enfermedad. Si somos creyentes y soñamos con animales bebiendo en una vasija o fuente, principalmente en parejas, pronostica que pronto seremos capaces de asimilar la verdadera doctrina de Dios.

Becerro: Ver novillo.

Belleza: Anuncia celos por parte del soñador hacia su pareja.

Bellotas: Presagio de éxito y fortuna. En un plano espiritual simbolizan el poder del espíritu y la verdad.

Bendecir: Ser bendecido pronostica ayuda y protección. Bendecir a una persona indica penas.

Berenjena: Augura penas y sufrimiento a causa de alguna pasión secreta.

Besar: A una persona del sexo opuesto presagia infidelidad, salvo si se trata de nuestra pareja, en cuyo caso anuncia buena fortuna. Si se trata de una persona querida, anuncia su partida. Si besamos a alguien del mismo sexo sin afecto, nos beneficiaremos de ella. Si hacemos lo mismo pero con afecto, ella será la que se beneficie de nosotros. Besar la tierra presagia penas. A un muerto, próxima herencia.

Bestia: Ver Diablo.

Betún: Malas inclinaciones.

Biberón: El soñador tendrá un hijo y todo se producirá felizmente.

Biblia: Leerla o poseerla indica necesidad de soledad y de reflexión. Perderla, dificultades familiares.

Biblioteca: Si la biblioteca está vacía, nos advierte que aún carecemos de suficientes conocimientos para acometer lo que nos proponemos. Si la soñamos llena de libros nos garantiza el éxito en nuestros trabajos.

Bicicleta: Es nuestra propia vida la que se halla representada y todo depende de nosotros. Representa nuestra capacidad energética. Su aspecto, nuestro aspecto externo. El manillar, la capacidad de control. Los frenos, la voluntad. El cambio de marchas, la inteligencia. Las luces, nuestra capacidad de visión de los hechos. Si la bicicleta está en buen estado es que tenemos confianza en nosotros mismos. Si se halla en mal estado representa nuestros temores. Si nos vemos solos conduciendo la bicicleta, indica deseos de independencia. Si la conduce otra persona significa que no nos sentimos dueños de nuestro destino.

Bienes: Adquirirlos indica alegría y felicidad. Si nos los roban, preocupaciones financieras. Verlos quemarse, pérdida de dinero.

Bigamia: Felicidad conyugal.

Bigote: Si es una mujer la que sueña que su marido se deja bigote y en realidad no lo tiene, existen sospechas de que la está engañando. Si somos nosotros los que nos vemos con bigote es que existe algo falso en nuestra vida. Si soñamos que lo afeitamos indica que ha llegado el momento de sincerarnos.

Bilingüe: Anuncia encuentros interesantes.

Billar: Si nos vemos jugando al billar significa que en nuestra vida contamos más con el azar que con el trabajo y la responsabilidad.

Billete: Todos los sueños de billetes tienen un significado similar. En esta vida una cosa son las capacidades y las cualidades que poseemos y otra muy distinta el papel que nos ha tocado desempeñar. Muchas veces nos vemos obligados a vivir muy por debajo o muy por encima de nuestras verdaderas capacidades.

Billetero: Usarlo indica que somos minuciosos con nuestros asuntos. Perderlo, problemas financieros.

Binocular: Verse mirando a través de un binocular indica que estamos analizando las ventajas y desventajas de una situación, ya sea laboral o familiar, que se nos presenta a largo plazo. Si son otras personas las que miran a través del binocular es posible que nuestro comportamiento esté siendo observado.

Biombo: Indica que existen verdades ocultas.

Bisonte: Mejora financiera siempre que decidamos correr los riesgos necesarios.

Bisturí: Cuando en sueños aparece un bisturí, es que existe algo que ha llegado al punto en que es necesario tomar medidas drásticas para remediarlo.

Bizco: Le conviene reflexionar en sus asuntos de negocios.

Bizcocho: Este sueño es augurio de buena salud y pequeños beneficios.

Blanco: Si aparece el color blanco impoluto en nuestros sueños, nos augura confianza no traicionada. Si los objetos blancos aparecen sucios, seremos objeto de traiciones.

Blasfemia: Estamos sufriendo angustias.

Blonda: Coquetería exagerada.

Blusa: Posibilidad de un viaje inesperado.

Boca: Si hablamos indica deseos de comunicarnos. Si no decimos nada, rechazo profundo a la otra persona. Si quien calla es la otra persona, el rechazo es de ella hacia nosotros.

Bocadillo: Momentos reconfortantes durante un período deprimente.

Bocina: Presagia acontecimientos desdichados.

Boda: Asistir a una boda. Para un soltero indica promesa de felicidad cercana. Para un casado, preocupaciones familiares. Asistir a nuestra propia boda. Si es usted soltero, cambios favorables en su vida. Si está casado, disgustos conyugales. Si está casado y ve casarse a su pareja, también dificultades conyugales.

Bodega: Simboliza nuestro inconsciente. Si está limpia y ordenada indica que nuestro mundo interior es rico y ordenado. Si está sucia, desordenada y llena de trastos inútiles igual encontraremos nuestro inconsciente. Si está bien surtida presagia alegría y regocijo.

Bofetada: Si damos una, presagia que serán injustos con nosotros. Si nos la dan indica que recibiremos un castigo por nuestra maldad.

Bohemio: Soñar con uno o con este ambiente indica que cedemos con frecuencia a las bajas pasiones.

Boina: Su confianza será puesta a prueba.

Boliche: Presagia alegría, placer y amistad.

Bolsa: Si los objetos que contiene no son los que hay habitualmente, revela dificultades de cualquier tipo. Si se trata del edificio de la bolsa de valores, indica que su negocio se verá comprometido por decisiones azarosas.

Bolsillos: Si lo soñamos cuando dábamos por concluido algún problema augura que volverá a aparecer. Si el bolsillo está lleno, este problema nos producirá gastos. Si lo vemos vacío, terminaremos ganando dinero. Si está roto o agujereado presagia pérdidas.

Bolso: Si está lleno simboliza que tenemos secretos bien guardados. Si está vacío indica que la persona propietaria es incapaz de guardar un secreto. Perder el bolso significa que alguien conoce nuestros secretos. Si nos lo roban, alguien se enterará de algo que no queremos usando la fuerza.

Bomba: Se avecinan grandes problemas. Si asistimos a un bombardeo indica que hemos finalizado una etapa de nuestra vida. Si se trata de una bomba de agua indica que sus problemas empezarán a solucionarse gracias al apoyo de sus amistades.

Bomberos: Verlos en actividad anuncia grandes penurias. El incendio ya apagado indica que finalizan sus preocupaciones.

Bombilla: Si se encuentra encendida presagia alegría familiar. De potencia débil indica que sus relaciones familiares son frágiles. Si está apagada, incomprensión afectiva. Romperla, pérdidas financieras. Ponerla indica que empieza un nuevo proyecto.

Bombón: Anuncia peligro de calumnia.

Boomerang: Sus amigos le sorprenderán a traición.

Bordar: Revela ambición y verse con un vestido lleno de bordados indica falsedad y engaño.

Borrachera: Significa que su vida carece de objetivos.

Bosque: En este sueño son tan importantes el propio sueño como las sensaciones tenidas en él. Si paseamos por el bosque y nos sentimos seguros refleja que somos dueños de nosotros mismos, que gozamos de buen criterio. Si nos perdemos en el bosque y sentimos miedo, si rugen o aparecen fieras amenazadoras, o si el silencio es lúgubre, en todos estos casos es que todavía no somos dueños de nosotros mismos. Si vemos brillar el sol y su luz nos permite ver por dónde andamos, es señal de que terminaremos comprendiendo la causa de nuestros temores internos para finalmente superarlos.

Bostezo: Su indiferencia puede perjudicar sus relaciones.

Botas: Ver Zapatos.

Bote: Ver Barco.

Botella: Soñar con botellas llenas de un líquido claro y transparente indica alegría. Si el líquido es turbio, incidentes desagradables. Vacía, pesares. Rotas, discusiones.

Botones: Perder un botón indica pérdida de dinero. Si lo cosemos augura felicidad en el hogar. Si son metálicos presagian invitaciones. De oro o plata, excesiva tendencia al gasto. De madera, éxito después de mucho trabajar. De nácar, viajes o placeres inesperados. Si está forrado de tela, nos avisa para que vigilemos nuestra salud.

Bóveda: Representa nuestra posición social. Sólida, bien iluminada u oscura, igual será nuestra posición. En ruinas señala que está en peligro.

Boxeador: Su éxito dependerá del resultado de la lucha.

Bozal: Sus rivales harán suposiciones de su proceder en los negocios.

Brazalete: Ver Anillo.

Brazos: Simbolizan la acción, la amistad y la fuerza. Unos brazos fuertes indican que seremos siempre bienvenidos. Si son débiles, nos acogerán, pero será falso. Vernos sin brazos, amenaza de próxima ruina. Si nos falta un brazo, enfermedad. Si nos rompemos un brazo o lo vemos más delgado significa enfermedad o penuria. Si son más largos o robustos que en la realidad, veremos llegar el éxito y la riqueza.

Brindis: Reuniones de amigos falsos e hipócritas.

Brisa: Realización de sus ambiciones.

Brocha: Si es de afeitar anuncia conflictos familiares.

Broche: Una persona planea engañarle.

Broma: Necesidad de comunicarse con los demás.

Bronce: Buen presagio para nuestro bienestar.

Bronceado: Es una advertencia de que no podrá borrar sus verdaderos sentimientos.

Brote: Construcción de una nueva etapa de su vida.

Bruja: Es una manifestación irracional de deseos incumplidos.

Brújula: Necesidad de recibir consejos. Romper la brújula significa elección equivocada.

Buey: Simboliza el sacrificio, la paciencia, el trabajo y la fuerza. Si lo vemos lustroso y con buena cornamenta predice abundancia de bienes materiales. Sin cuernos augura pobreza. Si está furioso, enfermedad. Durmiendo o muy delgado, pobreza. Muerto, miseria y desgracias.

Búfalo: Ver Buey.

Bufanda: Si la bufanda es de buena calidad, apreciará excelentes resultados en sus actividades. Si es modesta, reflejará modestos resultados y así será siempre dependiendo del estado de la bufanda.

Búho: Soñar con uno presagia chismorreos y murmuraciones. Si lo matamos indica que no lograrán perjudicarnos dichas murmuraciones. Si vemos como matan o maltratan a un búho, indica que somos nosotros los que hacemos comentarios sobre los demás. Oír el grito de un búho anuncia desgracias. Si en el sueño el búho permanece ajeno a nosotros, es una advertencia para que estemos muy alerta.

Buitre: En sueños representan a nuestros enemigos. Si el buitre nos ataca, no podemos esperar clemencia de estas personas. Si lo matamos, no serán tan terribles nuestros enemigos.

Bulldog: Progreso de su situación personal.

Bulevar: Verlo con árboles indica que conseguiremos lo que deseamos. Si los árboles son débiles presagia que tendremos muchas dificultades para triunfar.

Burbujas: Decepciones en los negocios.

Burlas: Si somos víctimas de burlas, se aprovecharán de usted.

Burro: Ver asno.

Buscar: Si buscamos algo presagia que tendremos dificultades fácilmente superables. Cuando buscamos a alguien refleja nuestra inquietud por dicha persona.

Busto (escultura, monumento): Verlo indica que sus proyectos se realizarán. Si lo vemos roto, los proyectos fracasarán.

Buzo, bucear: Bucear con facilidad y sin cansancio presagia que lograremos el éxito tanto económico como amoroso. Si nos ahogamos indica que nuestras ambiciones se esfumarán. Si salvamos a alguien de morir ahogado significa que evitaremos una pasión peligrosa para nosotros. Si estamos aprendiendo a bucear, dudamos de nuestra fuerza de voluntad. Bucear en aguas claras significa que somos claros y nobles. En aguas turbias, pasión con malos pensamientos. Si estamos buceando y la mar o el río se enfurecen o nos arrastra la corriente, indica que nuestras pasiones serán más fuertes que nuestra voluntad.

— C —

Cábala: Alguien prepara calumnias en su contra.

Cabalgar: Galopar a rienda suelta indica fuertes deseos de sexualidad. Dominar o no al caballo equivale a si somos o no capaces de dominar nuestros sentidos y pasiones. Si estos sueños son tenidos en la infancia, hablan de nuestros deseos de aventura y acción.

Cabalgata: Nos advierte que tendremos que rendir cuentas si nos dejamos arrastrar por los placeres fáciles.

Caballeriza: Con hermosos caballos presagia riquezas. Si están vacías, próximas penurias. Si nos encontramos dentro, riqueza estable y duradera.

Caballero: Indica que afrontará con dignidad sus problemas.

Caballito de mar: Es un símbolo de buena suerte y felicidad.

Caballo: Si un enfermo sueña que galopa en un caballo a través de bosques, puede empeorar su enfermedad. Si el enfermo galopa por una ciudad, pronto curará. Montar a caballo indica éxito y prosperidad. Caer del caballo señala pérdidas. Si el caballo está ensillado, pero no lo monta nadie, augura reunión de mujeres. Vender un caballo amenaza pérdida de bienes. Castigarlo, falsas acusaciones. Verlo herrar, debemos prepararnos para un viaje. Si tiene la cola muy larga, podemos contar con nuestros amigos. Si el caballo es blanco augura buenas noticias. Negro, problemas. Bayo, dignidades. Alazán, dificultades. Gris, obstáculos.

Cabaña: Ver una cabaña predice tranquilidad en el trabajo. Si vivimos en una y más si es con niños, augura felicidad modesta pero duradera. Si soñamos con una cabaña siendo adolescentes indica que no queremos las responsabilidades de los adultos.

Cabaret: Necesidad de distracción y descanso.

Cabellos: Es símbolo de energía y fuerza. Los sueños de cabellos si coinciden con nuestro aspecto real carecen de significado. Si nos vemos con el cabello largo y sedoso indica que tenemos buenas capacidades para triunfar. Con escasez de cabello, pérdidas y desgracias. Si se nos cae o si se es cortado por completo, ruina total. Si nos lo cortamos voluntariamente, elevación espiritual. Soñarnos calvos y en la vida real tenemos pelo presagia pérdida de amistades. El cabello muy rizado, dificultades. Despeinados, malversación. Muy cuidados, superficialidad. Negros, gran capacidad de amar. Rubios, amistad. Castaños, sinceridad. Pelirrojos, celos. Blancos, dignidad y sabiduría.

Cabeza: Simboliza al alma y la inteligencia. Si nos vemos con la cabeza cortada augura la pérdida de una posición para ocupar otra mejor. Vernos con la cabeza más grande, aumento de bienes. Más pequeña, pérdidas. Si nos soñamos feos indica preocupación por la opinión de los demás.

Cabra: Si son cabras salvajes indica ansias de libertad. Si son domésticas, ansias de riqueza. Soñar con cabras bien alimentadas presagia riqueza. Si son pocas y flacas, pobreza. Si en sueños vemos machos cabríos presagian amores deshonestos.

Cabrito: Si es una mujer la que lo sueña anuncia próximo embarazo.

Cacerola: Llena y sobre el fuego augura noticias interesantes. Vacía o sin usar indica falta de seguridad.

Cachalote: Por lo general soñamos que somos engullidos por él. Es muy importante darse cuenta de nuestra actitud dentro del cachalote, pues supone si somos capaces o no de enfrentarnos con la vida cotidiana, es decir si nuestra actitud es activa o pasiva.

Cachemira: Quien lo sueña gusta del lujo y renuncia a toda virtud.

Cactus: Deberá atravesar obstáculos sin cometer errores.

Cadáver: Si quien lo sueña es una persona de negocios anuncia que sus proyectos fracasarán. Para un joven presagia el fin del amor. Si el cadáver somos nosotros simboliza que deseamos terminar con una situación huyendo en vez de solucionarlo.

Cadenas: Indica que los problemas actuales fueron creados en el pasado. Romper una cadena augura el fin de los problemas.

Caderas: Fuertes, éxito amoroso. De aspecto desagradable, problemas de salud. Si un hombre pone sus manos en las caderas de una mujer indica amor y ternura.

Caer, caído: Indica temor. Si caemos y enseguida nos levantamos indica que pronto recuperaremos la confianza en nosotros mismos. Si no nos levantamos, peligro de deterioramiento material. Resbalar o tropezar desde muy poca altura, sólo nos advierte para que no tengamos descuidos. Caer en el barro, decepciones. Caer en el agua, posible peligro de enfermedad. Desde un sitio elevado significa adversidad. Si la caída ocurre en un lugar profundo es muy mal presagio. Ver caer a otra persona, alguien caerá en la ruina y posiblemente hemos tenido mucho que ver en ello.

Café: Anuncia éxitos en trabajos intelectuales, salvo que se nos derrame en cuyo caso anunciará contrariedades.

Cafetería: Fortalecimiento de lazos afectivos.

Caja: Una caja llena presagia abundancia y felicidad. Vacía, pobreza. Sea del material que sea, anunciará si es bueno o malo el que esté llena o vacía. Si es de madera, anuncia un próximo viaje. De colores, sorpresa. De metales nobles y adornados con piedras preciosas indica riqueza. Con un espejito, nos advierte sobre la coquetería.

Cajero: Relaciones difíciles con quienes le rodean.

Cajón: Si abrimos el cajón de un mueble y está vacío anuncia que viviremos una situación difícil pero que pasará pronto.

Cal: Usarla anuncia conflictos. Ver paredes blanqueadas con cal, enfermedad.

Calabaza: La calabaza entera anuncia la curación si se está enfermo y beneficios afortunados si se está sano. Seca y vacía simboliza un viaje largo a pie, penoso y difícil. Ver una calabaza anuncia abundancia y si la estamos recolectando, éxito en disputas.

Calabozo: Anuncia enfermedad.

Calambre: Impotencia para resolver ciertos problemas.

Calcetines: Si son nuevos y limpios indica que su situación es desahogada. Agujereados, negligencia. Quitárselos, deseo de cambio en sus actividades.

Cálculos: Representan el estado de nuestra economía. Si los solucionamos indica que conseguiremos buenos beneficios. Si no logramos solucionarlos debemos esperar problemas financieros.

Caldero: Lleno y sobre el fuego augura noticias interesantes. Vacío o sin usar indica falta de seguridad.

Caldo: Beber caldo augura felicidad en el hogar.

Calefacción: Encendida, alegría y felicidad. Fría o averiada indica soledad y tristeza. Apagada, penas afectivas. Con humo u hollín, pérdida de control de una situación. Quemarnos con ella, calumnias.

Calendario: Es una advertencia para el soñador que todo requiere tiempo. No precipite los acontecimientos.

Cáliz: Señal de curación para un enfermo. Si está roto mal augurio.

Calle: Si la calle es recta, amplia, vacía y se pierde en el horizonte evidencia deseos de mejora, de éxito y de esperanzas fundadas.

Callejón: Es indicio de que estamos metidos en algo que no tiene solución. Mejor será tomar otra dirección.

Callos: Simbolizan la culminación de una etapa de grandes esfuerzos y dificultades. En personas con vocación religiosa indica qué es lo que molesta a su alma. Si los tiene en los pies es que todavía no está preparado y debe seguir la senda de la perfección. Si están en las manos es que todavía se halla demasiado aferrado a cosas y personas.

Calma: Se sentirá particularmente perturbado por una situación molesta.

Calor: Indica que padecemos algún problema de salud.

Calumnia: Ser calumniado indica que sufrirá reproches. Ser nosotros los calumniadores señala que hemos sido imprudentes.

Calvicie: Sentimiento de culpa por una situación penosa.

Calvo: Si tenemos pelo en la realidad augura pérdida de amistades. Si somos calvos, este sueño carece de importancia.

Calzada: Ancha, lisa y llana indica buena marcha de sus negocios. Estrecha, tortuosa y con pendiente empinada, numerosos contratiempos. En construcción, pérdidas de dinero.

Calzón: Vida afectiva decepcionante.

Cama: Si la cama es tétrica, de color oscuro, en mal estado o situada en una habitación lúgubre y oscura nos advierte de una posible enfermedad de quien se encuentre acostado en ella. Si está vacía, peligro de alguna persona allegada. Una cama enorme indica obsesión por los temas sexuales. Si es muy pequeña, desinterés por los mismos. Si la cama es limpia y está bien arreglada indica que estamos bien con nuestra pareja. Sucia y desordenada, desacuerdo y disconformidad. Rota, divorcio o viudedad. Una cama muy adornada, refinamiento en el amor. Si es distinta de la nuestra, nuevos amores. Ver personas que no conocemos en nuestra cama, peligro de riñas.

Camaleón: La mala suerte le sorprenderá bajo aspectos muy diferentes.

Camarero: Prestar un servicio indica que se apreciarán sus cualidades de seriedad y eficacia. Recibirlo anuncia que personas conocidas le prestarán ayuda.

Camelia: Sinceridad de sentimientos y amor profundo.

Camello: Simboliza la perseverancia y la resistencia. Anuncia lenta y paciente consecución de la fortuna y posición gracias a la perseverancia en el trabajo y la sobriedad de nuestras costumbres.

Camilla: Presagia enfermedad o accidente.

Camino: Los caminos simbolizan el destino. Las encrucijadas nos indican que deberemos escoger entre varias opciones. Si el camino es recto y amplio presagia éxito y fortuna. Si es estrecho, nuestro margen de acción es limitado. Si caminamos por un terreno llano es que no hallaremos muchos problemas. Si existen muchas curvas, nuestra empresa será complicada.

Camión: Ver Automóvil.

Camisa: Si es un hombre el que lleva la camisa o la camiseta, el sueño deja traslucir su intimidad y fortuna. Si es mujer, es que pronto encontrará con quién compartir felizmente su vida. Si la camisa está limpia y bien ajustada indica prosperidad y fortuna. Si tiene mangas indica felicidad pero sin alcanzar la riqueza. Si está rota o desgarrada presagia pobreza. Si está sucia, situaciones comprometidas. Si es demasiado corta, lujuria. Si la estamos lavando significa que sabemos perdonar las ofensas.

Campamento: Le serán impuestas otras formas de vida.

Campana: Suele anunciar una desgracia y en otro nivel significa una llamada para que llevemos una vida más espiritual.

Campanario: Presagia éxito y elevación moral o material.

Campeón: Si nos vemos campeones, el sueño nos revela el deseo de emplear toda nuestra energía y capacidades para triunfar en la vida.

Campesino: Es una advertencia que nos estamos apartando de las leyes naturales. Si está sembrando indica que debemos prepararnos para adquirir conocimientos que después nos serán útiles en nuestro trabajo. Si esta podando es que en nosotros existe mucho de superfluo.

Camping: Indica que obtendremos altos beneficios en el transcurso de un mal período.

Campo y campiña: Fértil y bien cultivado presagia prosperidad. Lo mismo si la campiña es amplia, verde y soleada. Si están secos o descuidados, nos espera la desgracia y la pobreza. Reseco y falto de agua, debemos poner más amor y sentimiento en lo que hacemos. Si el campo no produce a pesar de nuestros cuidados indica que debemos ser más activos y tener más fe en nosotros mismos.

Caña: Nos advierte que nuestros proyectos todavía no están lo suficientemente meditados para lograr lo que deseamos y que no podemos contar con nuestras amistades.

Canal: Este sueño va ligado al agua. Si el agua corre mansa y plácida por el canal, la felicidad acompañará a nuestro amor. Si el canal está roto indica que nuestros sentimientos están equivocados. Si es muy largo anuncia un matrimonio en un país lejano.

Canario: Sentimientos discretos. Ternura y amor.

Canasta: Llena de flores o frutos indica dicha y alegría. Llena de ropa sucia, complicaciones financieras. Llena de pan, preocupaciones en los negocios. Si es una papelera, se revelarán secretos.

Canastilla: Anuncia o recuerda un embarazo o nacimiento.

Cáncer: Indicación de problemas de salud.

Candado: Advertencia para que seamos más discretos.

Candelabro o candelero: Ver Vela.

Cangrejo: Si el cangrejo lo soñamos situado entre nosotros y otra persona del otro sexo y camina hacia la otra persona indica que debemos seguir el impulso de nuestros sentimientos. Si camina hacia nosotros, debemos dar marcha atrás y proceder con cautela. Si el cangrejo lo soñamos situado entre nosotros y otra persona del mismo sexo, lo que anuncia es la existencia de personas que intentan retrasar o impedir lo que deseamos.

Canguro: Sus proyectos se verán contrariados y comprometidos.

Caníbal: Nos advierte de la próxima visita de amigos o parientes interesados.

Canoa: Si navegamos por aguas tranquilas indica que estamos capacitados para manejar nuestros negocios. Si nos encontramos en aguas agitadas o perdemos el control de la canoa, nos esperan dificultades y problemas en el hogar y en el trabajo.

Cañón: Augurio de conflictos. Usarlo con proyectiles adecuados y dar en el blanco es señal de victoria. En caso contrario, decepción y humillación. Ser herido por un cañón indica peligro.

Cantar: Cantar en sueños revela la existencia de alguna pena secreta. Oír cantar anuncia felicidad, salvo que sea de un gallo que significa que habrá discordia.

Cántaro: Simboliza a la mujer, según bebamos de su agua o lo llenemos recibiremos su afecto o le entregaremos el nuestro.

Capa: Nos indica que estamos bien preparados para hacer frente a los acontecimientos que se avecinan. Si eres tú el que la viste, escondes tu verdadera personalidad. Si el que la lleva es otra persona, esconde intenciones egoístas.

Capilla: Esperanza de recuperar la felicidad en un corto tiempo.

Capitán: Hablarle indica una mejora de su situación. Serlo, problemas en perspectiva.

Capucha: El personaje que aparece encapuchado intenta ocultar sus intenciones o personalidad a los demás o a nosotros mismos.

Capullo: El capullo de gusano indica nuestro deseo de seguridad.

Caqui: Este color simboliza dificultades.

Cara: Si nos vemos la boca muy grande simboliza que hablamos demasiado. Una deformación en la boca nos advierte de una posible enfermedad de la misma. El rostro hinchado se refiere al egoísmo. Con la cabeza puesta al revés indica ideas preconcebidas, prejuicios.

Caracol: Verlo meterse dentro del caparazón indica que irrita a personas que usted necesita a causa de su impaciencia y nerviosismo. Comerlo o aplastarlo señala que cometerá una acción irreflexiva que le causará perjuicios.

Caravana: Situación de cambio lento y progresivo.

Carbón: Si está encendido y nos quemamos con las brasas, nos alcanzarán las trampas y envidias. Si está encendido, pero no nos quemamos con las brasas es que descubriremos a tiempo las trampas. Si el carbón está apagado nos anuncia celos y envidias sin fundamento.

Cárcel: Las cárceles anuncian el cambio de nuestra forma de vida. Si el carcelero es amable y sonriente o si la puerta está abierta, el cambio es inminente. Si la actitud del carcelero es hosca y la cárcel oscura, deberemos reflexionar sobre nuestra conducta a partir de ahora. Si nuestros sentimientos en el sueño son violentos o desesperados señala que el cambio ha sido en contra de nuestra voluntad.

Carga: Llevarla significa que tenemos unas actividades poco interesantes, duras y penosas. Tirarla, miseria y pesares. Ver a otras personas tirando una carga, tendrá preocupaciones y penas. Llevarlas en un vehículo, promesas financieras interesantes.

Caricatura: Se burlarán de usted y sufrirá la maldad de sus relaciones.

Caricias, acariciado: Recibirlas indica que usted sufre de falta de comprensión. Hacerlas usted, es consciente del comportamiento de quienes le rodean.

Caries: Relaciones familiares comprometidas por rivalidades afectivas.

Carne: Cruda o poco hecha indica sufrimientos, decepción. Cocida; perspectivas de felicidad. Maloliente o podrida; fracaso, mala suerte. Comerla; será menospreciado.

Carnero: Si es un rebaño de carneros lustrosos o paciendo tranquilamente presagia que tendremos poderosas fortunas y posesiones. Coger a un carnero representa fortuna inmediata. Si lo llevamos a hombros, la fortuna será muy importante. Oír balar a un carnero augura que contaremos con protección y ayuda muy eficaces. Si el rebaño viene hacia nosotros y los carneros se nos meten entre las piernas indica que conseguiremos el éxito pero con dificultad. Si los carneros están muertos presagia malas noticias. Verlo perdido, dudas e incertidumbre en nuestros asuntos.

Carnicería: Se avecina un desastre.

Carnicero: Hay una persona que trata de perjudicarle.

Carpintero: Si lo vemos trabajar es que recibiremos consejos útiles y provechosos. Si nosotros somos los carpinteros, es un aviso para que nos dediquemos a nuestro trabajo con más empeño. Si soñamos que el carpintero nos regala algo que él hace o se lo compramos, presagia reorganización de nuestra vida íntima.

Carrera: A pie indica una evolución en su situación. De caballos augura ingresos de dinero. De autos; deseo profundo de cambio.

Carretera: Ver Camino.

Carroza: Aumento de sus bienes, salvo que se encuentre desenganchada en cuyo caso indica pérdidas de esos bienes.

Carta: Revela un deseo de recibir algo que sea capaz de cambiar nuestra situación actual. Si el sobre está orlado de luto, no se puede abrir, lo abrimos y contiene algo desagradable o está vacío indica temor. Si escribimos nosotros la carta y nos cuesta hacerlo, también refleja temor. Romper o quemar una carta presagia ruptura con una amistad o un pariente. Recibir una carta anónima, hay algo que perturba nuestra conciencia. Si es ilegible, desacuerdo o citas incumplidas.

Cartel: Presagia una información privilegiada que guarda relación con el cartel.

Cartera: Si la llevamos llena indica peligro de pérdidas económicas. Si está vacía presagia suerte en el juego.

Cartero: Recibirá noticias importantes que pueden modificar su forma de vivir.

Cartón: Señal de un próximo cambio en su favor.

Casa: Simboliza nuestro ser y nuestra personalidad. La fachada simboliza lo externo del soñador y el interior de la casa es la vida íntima. El comedor y la cocina representan los alimentos y la digestión. El dormitorio, el descanso y el sexo. El cuarto de baño, la limpieza física y moral. Los pisos altos representan la cabeza y la mente. La bodega, el subconsciente. Las puertas representan los accesos a nuestra alma. Una casa vieja y destartalada simboliza una anticuada condición de vida y de pensamiento. Un piso o un techo que se hunden simboliza el derrumbamiento de los propios ideales y principios.

Cascabel: Jugar con uno augura noticias desagradables. Agitarlo indica que le falta discreción. Perderlo o venderlo, sus molestias desaparecerán. Verlo en el cuello de un animal, rumores sobre usted.

Cascada: De agua agitada y abundante, éxito, suerte y clima familiar excelente. Con poca agua, soledad y mala suerte.

Cáscara: Si en nuestros sueños aparece la cáscara de un huevo rota anuncia la pérdida de una amistad. Si son cáscaras de nueces indica relaciones sentimentales atormentadas.

Casco: El personaje que aparece con casco intenta ocultar sus intenciones o personalidad a los demás o a nosotros mismos. Si el casco es de líneas anatómicas y sin decoraciones, deja ver que se ocultan pensamientos prácticos y relacionados con la acción directa. Un casco bellamente decorado interpreta que lo que se oculta son pensamientos de grandeza y aventura fuera de la realidad.

Casino: Decisiones fatales para sus negocios.

Castañas: Si comemos castañas crudas presagia que somos de carácter fuerte y previsor. Si las comemos cocidas anuncia una comida entre amigos.

Castañuelas: Momentos de satisfacción.

Castigo: Problemas con sus relaciones afectivas.

Castillo: Significa protección y trascendencia. Un castillo bien iluminado simboliza la búsqueda de una vida más espiritual. Si el castillo es blanco, deseos de una vida tranquila de recogimiento y espiritualidad. Si es oscuro simboliza la lucha por salir de una confusión espiritual. Si es negro refleja temor al destino y a no alcanzar la salvación. Hablando en un sentido de vida cotidiana, si vemos un castillo se obtendrán riquezas dependiendo de su estado. Si está ruinoso pero todavía bello, tendremos problemas para alcanzar la riqueza aunque al final la obtendremos. Si vivimos en el castillo la riqueza está asegurada.

Castor: Laboriosidad, coraje, obstinación y satisfacción por el trabajo cumplido.

Castrar: Será víctima de engaños y mentiras.

Catacumba: Numerosas contrariedades perturbarán su manera de vivir.

Catálogo: Tendrá que elegir la vía judicial entre diversas alternativas

Catapulta: Sus soluciones provocarán la burla de sus rivales.

Catástrofe: Representa un camino violento. El contexto del sueño aclarará si el cambio augurado será para bien o para mal.

Catecismo: Indica que el soñador actúa consecuentemente y de acuerdo con la moral y educación recibidas.

Catedral: Pasará por momentos difíciles pero gozará de ayuda y protección.

Caucho: Solidez de sentimientos y suavidad de carácter.

Cavar: Alcanzará éxito social por sus esfuerzos y coraje.

Caverna: Es un sueño muy frecuente en la infancia e incluso en la adolescencia. Lo verdaderamente importante es lo que ocurre dentro de ella, puesto que nos indicará qué es lo que realmente madura y se consolida en nosotros.

Caviar: La apariencia de los acontecimientos no debe inclinarle a tomar una decisión.

Caza: Si usted es joven, refleja la inquietud y afán de aventuras propias de la edad. Si es una persona adulta quien lo sueña refleja problemas internos de insatisfacción.

Cebada: Se considera un bien inapreciable. Significa riqueza y feliz culminación del trabajo. La riqueza será proporcional a la cantidad de cebada soñada, del mismo modo lo que le ocurra a la cebada, en bien o en mal, será lo que le ocurra a nuestra riqueza. Soñar con cebada sobre la cama augura un próximo embarazo.

Cebo: Utilizar un cebo para pescar anuncia éxito financiero en sus empresas. Si es utilizado por otras personas, decepciones y fracaso.

Cebollas: Si están plantadas en el huerto indica que encontraremos oposición a nuestros planes. Si han sido recolectadas presagia que estamos equivocados. Si las estamos pelando o cortando y nos irrita los ojos, deberemos trabajar y esforzarnos para evitar el fracaso.

Cebra: Presagia enemistades y querellas por intereses.

Cejas: Si son hermosas y espesas simbolizan un juego amoroso. Si aparecen afeitadas predice duelo por algún conocido.

Celda: Ver Cárcel.

Celos: Sus intereses serán prioritarios.

Cementerio: Ver Tumba.

Cemento: Dispondrá de los medios necesarios para preparar su futuro en las condiciones que desea.

Cenar: Cenar solo significa aislamiento afectivo. En compañía, felicidad en el hogar. Invitar a alguien a cenar indica celos. Ver a su pareja cenar con otra persona indica infidelidad. Ver a un pariente cenar solo señala dificultades de salud.

Cenicero: Vacío indica que su inquietud se aplacará si toma las precauciones necesarias. Lleno, la negligencia y la despreocupación dejarán secuelas en su relación con los demás.

Cenizas: Este sueño nos recuerda que nuestras riquezas no servirán después de nuestra muerte. Todo nuestro orgullo ha de terminar en cenizas. Se más humilde!

Centinela: Si el centinela está firme y vigilante indica que nuestros intereses están bien guardados. Si lo soñamos durmiendo, nos amenazan pérdidas financieras. Si sorprendemos y dominamos al centinela, presagia que tendremos una osada iniciativa que nos llevará al éxito.

Cepillo: Indica sujeción y supeditación.

Cera: Sea más precavido en el uso de su dinero.

Cerámica: Está protegido de los actos bélicos.

Cerco: Signo precursor de contrariedades y preocupaciones.

Cerda (Crin): Perspectivas felices de realización de sus proyectos.

Cerdo: El cerdo es el símbolo de los deseos impuros. La cerda simboliza la fecundidad.

Cereales: Ver Cebada.

Cerebro: Indica agotamiento y nerviosismo.

Cerezas: Augura buena suerte y deseos realizables.

Cerillas: Usarlas augura circunstancias favorables. No conseguir encenderlas, fracaso y dificultades.

Cerradura: Significa que nos encontramos ante un problema o un dilema. Si la abrimos, solucionaremos el problema. Si no la abrimos no solucionaremos lo que nos preocupa. Si forzamos la cerradura indica que no nos detendremos ante nada para conseguir nuestros propósitos. Si despertamos en el momento de abrir la cerradura, únicamente refleja el esfuerzo que realizamos al despertar.

Cerrajero: Indica que recibirá ayuda y apoyo para resolver problemas complejos y fastidiosos.

Cerrar: Si se trata de una puerta o ventana señala el deseo de protegernos de lo externo. Si nos referimos a la contrapuerta o contraventana de la casa augura penas y pesares.

Cerrojo: Representa el deseo de asentar una situación aunque no descartamos la posibilidad de una salida de emergencia.

Cerveza: Beberla en sueños presagia que realizaremos un esfuerzo que nos resultará rentable.

Césped: Verlo hermoso y cuidado indica que pronto se realizarán nuestras ambiciones. Si lo pisamos indica que antes que se realicen nuestras ambiciones deberemos superar muchas dificultades. Si estamos enamorados indica que seremos correspondidos.

Cesto: Lleno, indica seguridad material. Vacío, inseguridad. Lleno de flores anuncia aventuras amorosas. Con frutos, placeres variados. Con manjares, seguridad material. Si es bonito, buenas noticias. Feo, nos advierte que cuidemos nuestras acciones.

Cetro: Sus éxitos le harán imaginar irrealidades. Ponga los pies sobre la tierra.

Cicatrices: La persona que veamos con las cicatrices posee imperfecciones morales o está sufriendo en silencio.

Ciego: Si el ciego es de aspecto honesto y le ayudamos, nos ocurrirá algo agradable. Si desconfiamos de él, en la realidad debemos desconfiar también de los consejos que recibamos. Si en el sueño estamos ciegos, debemos revisar nuestros proyectos porque estamos confiando en quien no debemos o hemos pasado por alto algún detalle. Si este sueño se produce durante un viaje significa que antes de regresar tendremos algún contratiempo.

Cielo: Simboliza nuestras aspiraciones y deseos. Si se trata de un cielo nocturno indica que nos encontramos en una etapa de proyectos. Si es de día es que ha llegado el momento de la realización de estos proyectos. Si el cielo está claro señala que los próximos días se nos presentarán tranquilos. Si está nublado, se acercan preocupaciones. Muy nublado, preocupaciones serias. Tormentoso, situación crítica.

Ciervo: Es un símbolo de elevación. Si es una manada presagia grandes ganancias y triunfos. Si vemos una cierva y sus crías, augura fertilidad y felicidad. Si lo que vemos es la cornamenta abandonada, anuncia que heredaremos de una persona de avanzada edad.

Cifras: Indica nuestro deseo de ganar dinero.

Cigarro: Fumarlo indica que tenemos necesidad de distracción. Ver las colillas, pequeñas preocupaciones por falta de previsión.

Cigüeña: Si las vemos volar en parejas anuncian aumento en la familia o matrimonio. Si vuela sola hacia nosotros, nos advierte contra los ladrones.

Cima: Ver Cumbre.

Cine: Ver Película.

Cintas: Representan un amorío sin porvenir. El color de las cintas nos ayudará a comprender aún más.

Cintura: Vínculo amoroso estable y relación sentimental afortunada.

Cinturón, cinto: Simboliza nuestra dependencia moral y la protección de nuestro cuerpo. Desatar el cinto de una persona del otro sexo presagia que obtendremos sus favores. Si las dos personas son del mismo sexo o no le entregamos el cinto a nadie, indica que renunciamos a la fidelidad o dependencia. Si se nos rompe el cinturón o nos lo arrancan, presagia pérdida de autoridad.

Circo: Significa que con audacia y voluntad resolverá sus problemas y preocupaciones

Círculo, circunferencia: El círculo simboliza la perfección y la eternidad. La circunferencia, determinación y protección. Si nos encontramos dentro de un círculo revela nuestro deseo de perfección. Si la circunferencia es de fuego, nos asegura la victoria en todo lo que nos propongamos.

Circuncisión: Es una advertencia para que vigilemos más de cerca nuestros negocios.

Cirio: Ver Vela.

Ciruelas: Si son maduras indican deseos sexuales gozosos y compartidos. Si están verdes auguran desilusiones. Si son ciruelas pasas, debemos meditar algún tiempo sobre estas cuestiones.

Cirujano: Ver un cirujano presagia enfermedad o accidente. Si el cirujano está operando indica que existe algo malo en nosotros desde un punto de vista moral.

Cisne: Presagia gloria y fortuna, salvo si son negros que nos advierte contra la inmoralidad.

Cisterna: Es una advertencia de peligro de perder una amistad.

Cita: Si acudimos a una cita y ésta tiene buen fin, presagia un nuevo afecto. Si existe algún contratiempo simboliza que tenemos deseos irrealizables.

Ciudad: Activa y animada anuncia cambios en su vida. Si es oscura y triste, proyectos fracasados.

Claridad: Indiferentemente de lo que presagie el sueño, debemos tener en cuenta que a mayor claridad, mayor será la seguridad en el presagio y a menor claridad, menor la confianza que debemos depositar en el presagio.

Clarinete: Momentos de ternura y comprensión.

Claustro: Necesidad de aislamiento y quietud. Búsqueda de una vida nueva.

Clavel: Simboliza amor y pasión. Rojos se tratará de un amor pasional. Blancos, indica que podemos confiar en el amor que nos prometen. Amarillos, este amor vendrá acompañado de celos.

Clavos: Si los clavos son nuevos indica que nuestros medios de trabajo se verán incrementados. Si están en mal estado presagian dificultades. Si vemos a otra persona clavándolos, debemos temer por nuestra reputación.

Clínica: Superaremos las dificultades.

Coagulación: Se acaba un período problemático.

Cobardía: Se encontrará con actitudes hostiles y malévolas.

Cobayo, Cuy: Busque otras direcciones que le orienten sobre sus posibilidades.

Cobrar: Anuncia que conocidos abusarán de su confianza.

Cobre: Su situación está mejorando y desahogo financiero.

Cocaína: Malos negocios, relaciones peligrosas y riesgos desmesurados.

Coche: Ver Automóvil.

Cocina, cocinar: Representa todo lo relacionado con nuestra alimentación. Si la cocina está bien provista de enseres, indica los medios con los que contamos. Si le falta lo más imprescindible es que estamos mal preparados para el futuro. Si la cocina está repleta indica buenas condiciones materiales para hacer frente al futuro. Si la comida se quema o no se cuece bien, nos advierte que nos falta mucho por aprender para triunfar. Si en sueños cocemos alimentos anuncia buena salud y ventajas financieras.

Cocodrilo: Representa las cualidades sombrías y agresivas del subconsciente. Presagia que alguien pretende despojarnos de lo que nos pertenece mediante el engaño o la fuerza. Si logramos escapar de él podremos evitar un robo o una traición.

Cóctel: Se arriesga a ser engañado por sus amigos.

Codorniz: Augura infidelidades sentimentales y rupturas con amistades por cuestiones amorosas.

Codos: Si están heridos o doloridos anuncia futuros problemas.

Cofre: Ver un cofre cerrado presagia éxito y riquezas. Si está cerrado indica el descubrimiento de un secreto. Si somos nosotros los que encontramos el cofre abierto o lo abrimos, descubriremos un secreto. Si es otra persona, será un secreto nuestro lo que se descubra y se divulgue.

Cohete: Significa alegría que dura poco.

Cojín: Sus habladurías se utilizan contra usted.

Cojo: Soñarnos cojos augura retrasos e imposibilidad de conseguir lo que deseamos. Soñar coja a otra persona, aplicaremos a esta otra persona el significado anterior.

Col: Usted tratará de negocios con alguien poco recomendable.

Cola: De animal, indica que terminaremos con un asunto delicado. Hacer cola significa demora en la evolución de sus proyectos.

Colador: Deberá hacer prevalecer los argumentos que puedan defender su proposición.

Colcha: Dulzura hogareña con la que el soñador se siente plenamente integrado.

Colchón: De buena calidad y limpio indica comodidad familiar. Rasgado y sucio, contrariedades diversas.

Cólera: Soñar con alguien encolerizado, debemos prevenir la traición de un amigo. Problemas en la salud y los negocios.

Colgar: Ropa, indica un deseo de modificar sus condiciones de vida. Objetos que no suelen colgarse, trastornos diversos. Un cuadro, será traicionado.

Colibrí: Presagia alegría y felicidad.

Cólico: Posibles problemas en sus relaciones afectivas.

Colina: Subir ágilmente presagia que nuestras ambiciones serán colmadas. Si nos vemos en la cima es que ya tenemos a la vista nuestra meta. Si estamos recostados en la ladera significa que nos apoyaremos en alguien cuya influencia será decisiva y positiva. Si resbalamos y caemos, no lograremos realizar nuestros objetivos.

Collar: Este sueño nos advierte para que vigilemos nuestra libertad e independencia. Si en sueños reconocemos a quien nos pone el collar, será dicha persona de la que provendrá el peligro. Si no reconocemos a quien nos lo pone, el peligro proviene de nosotros mismos, de nuestra vanidad o sensualidad. Si somos nosotros quienes regalamos el collar indica que deseamos a esta persona como pareja.

Colmena: Si las abejas son amistosas indica el apoyo de la colectividad y la familia. Si se muestran amenazadoras significa que nos sentiremos rechazados.

Colores: <u>Azul:</u> Es el color del cielo, de los sentimientos, pensamientos religiosos y de la inocencia. Es el color de la devoción. <u>Verde:</u> Color de la naturaleza, la fertilidad, la simpatía y la adaptabilidad. Es el color de la sensación y la percepción. <u>Amarillo:</u> Color del sol, del oro, la generosidad y la luz. Es el color del intelecto. <u>Rojo:</u> Color de la guerra, de la sangre, del fuego y la pasión. Es el color del sentimiento. <u>Violeta:</u> Color del recuerdo, la nostalgia y el límite con el más allá. Es el color de la devoción (azul) y el sentimiento (rojo). <u>Gris:</u> Color del abatimiento, la inercia, la indiferencia y las cenizas. Es un color neutro. <u>Anaranjado:</u> Color del orgullo y la ambición. Es el color del intelecto (amarillo) y la pasión (rojo). <u>Rosa:</u> Color de la carne, la sensualidad y los afectos. Es el color del límite y renacimiento (blanco) y la pasión (rojo). <u>Oro:</u> Simboliza el aspecto místico del sol. <u>Plata:</u> Simboliza el aspecto místico de la luna. <u>Blanco:</u> Simboliza el límite y el renacimiento.

Columna: Simboliza a quienes sirven de apoyo a los demás. Dos columnas simbolizan a la pareja. Espiritualmente las columnas significan la eterna estabilidad y su hueco la entrada a la eternidad. Si se derrumba una columna augura desastre. Si se derrumban dos, presagia ruina en la familia. Si son muchas, ruina de la colectividad en que vivimos.

Columpio: Es signo de un matrimonio feliz y si la cuerda se rompe indica que el matrimonio será fértil.

Coma (estado de): Usted se hallará impotente ante las dificultades que se le podrán presentar.

Combate: Si vencemos tendremos contratiempos. Si nos vencen, conseguiremos un triunfo importante en la vida real.

Combustible: Relaciones apasionadas, pero sin futuro.

Comer, comida: Revela insatisfacción debida a causas psíquicas, emocionales o profesionales. Si soñamos que comemos algo que no nos gusta, presagia que deberemos enfrentarnos a algo desagradable. El significado es el mismo si tenemos dificultades al masticar o tragar. Comer acompañados revela amistad y afinidad con los demás. Comer solos, tristeza y depresión. Si comemos alimentos naturales y sencillos significa que estamos aprovechando bien las experiencias de la vida. Si comemos dulces significa que tenemos vivencias sentimentales agradables y positivas. Si el sueño nos informa del precio o robamos los dulces, revela un exceso de sentimentalismo.

Comerciante: Negocios fructíferos y abundancia de ganancias.

Cometa: Si hace referencia a un cometa (astro) presagia grandes calamidades. Si se trata de una cometa (juguete) y vuela bien augura una situación favorable. Si está rota indica que tenemos preocupaciones por algo que no podemos resolver. Si está en el suelo presagia mala salud. Si la estamos construyendo, nos advierte para que no nos arriesguemos en especulaciones.

Comisario: Augura asuntos familiares o profesionales difíciles.

Compañero: Recibirá el apoyo afectivo de un pariente o de un amigo sincero.

Compás: Usted reflexiona demasiado sobre un asunto para el que no hay salida.

Compasión: Amigos brindarán apoyo en situaciones delicadas.

Cómplice: Deberá ser prudente si no quiere correr el riesgo de ser despojado.

Compositor: Si somos nosotros los compositores, corremos el riesgo de tener malentendidos con los amigos.

Comprar: Si son objetos nuevos de utilidad augura un período de beneficios. Comprar un objeto que ya tenemos, riesgo de dificultades financieras. Ropa, necesidad de seguridad y comodidad. Muebles, presagio de una situación financiera ventajosa. Verduras, disputas en el hogar. Frutas, decepción sentimental.

Compromiso: Comprometerse en matrimonio con una persona conocida anuncia alegría y felicidad. Con una persona desconocida, trastorno y amenaza de peligro.

Comunión: Recibirla, realización de sus deseos. Sin haber hecho penitencia, miseria y desgracia.

Coñac: Momentos de placer con amigos sinceros y confidencias secretas.

Concha: Indica fecundidad y erotismo. Según el sueño, significa el anuncio de un viaje o una promesa de riqueza y placeres.

Concierto: Anuncia alegría y placeres íntimos. Estima y consideración.

Concurso: Intervenir y ganar indica que deberá pasar por una serie de problemas para alcanzar sus objetivos.

Conde: Usted tiene tendencia a querer aparentar lo que no es sin disponer de medios.

Condenar: Ser condenado indica humillación, mala suerte y tristeza. Condenar a alguien señala que una situación se resolverá con ventajas para usted.

Conejillo: Soñar con un conejillo de indias refleja su pasividad e indiferencia las cuales podrían ser perjudiciales.

Conejo: Simboliza sexualidad o indicio de deseos sexuales. Cuidado con el gasto y la lujuria.

Conferencia: Indica temor por ver rechazadas sus ideas.

Confesar: Confesarse: hará confidencias a personas que provocaran críticas perjudiciales a sus intereses. Confesar a alguien: usará alguna información para resolver una situación delicada.

Confesionario: Su actitud hacia los demás no es muy correcta.

Confidencia: Se le revelarán secretos cuyo uso puede resultarle perjudicial.

Congelar: Congelar un alimento indica que tendrá que afrontar problemas.

Congreso: Si en sueños asistimos a un congreso, indica que podremos ampliar nuestro círculo de relaciones y aumentar nuestros conocimientos.

Consejos: Darlos o recibirlos en sueños anuncia discusiones o ruptura con las amistades. Si nos piden un consejo presagia éxito en lo que estemos haciendo.

Conservas: Se avecina un período de privaciones y rigores.

Consolar: Ser consolado indica que recibirá la amistad y el apoyo de una persona. Consolar a alguien indica una gran necesidad de consuelo en un período difícil.

Construir: Se producirán acontecimientos favorables.

Consuelo: Contará con ayuda en circunstancias dolorosas.

Contabilidad: Anuncia problemas financieros.

Contar: Contar una anécdota o una historia indica que tenemos necesidad de comprensión y de ser escuchados. Contar dinero, temor por no poder cumplir sus proyectos.

Contratar: Si soñamos que se contrata a una persona indica que necesitará ayuda y apoyo para realizar sus proyectos. Si los contratados somos nosotros, augura que nos propondrán nuevas perspectivas en el terreno laboral.

Contrato: Firmar un contrato en sueños augura decepciones y contrariedades.

Convento: Refleja el deseo de huir de conflictos y responsabilidades de la vida. Este sueño revela inmadurez.

Copa: Simboliza el corazón humano, el amor, la revelación y la vida. Brindar con una persona es desear compartir con ella placer y felicidad. Beber en la misma copa es deseo de fundir dos vidas en una sola por toda la eternidad. Romper una copa después de brindar, equivale a renunciar a la posibilidad de otro amor que no sea el que juramos con el brindis.

Copiar: Vergüenza, humillación y deshonor.

Coral: Riesgo de contrariedades y preocupaciones inminentes.

Corazón: Simboliza la vida y el sentimiento. Un corazón enfermo o adolorido indica próxima enfermedad. Un corazón herido, una enfermedad recae en la persona más querida del sexo contrario.

Corbata: Llevarla puesta nos dice que seamos menos conformistas con las personas a las que estimamos. Quitárnosla indica que nuestra situación sufrirá algunas desventajas.

Corcho: Problemas para dominar acontecimientos, aunque con el esfuerzo adecuado podrían ser resueltos.

Cordel: Si el cordel cuelga de arriba simboliza un medio de ascensión. Si estamos suspendidos de un cordel, presagia que no tardaremos en alcanzar una posición más elevada. Si estamos subiendo por el cordel, indica nuestros deseos de escalar posiciones. Si estamos descendiendo o nos caemos, presagia un descenso de posición y la frustración de nuestras esperanzas. Si el cordel está en el suelo, sobre un mueble o en nuestras manos es una advertencia sobre el estado de nuestros negocios. Tiene el mismo significado si adquirimos o recibimos un cordel.

Cordero: Rebaño de corderos lustrosos o paciendo tranquilamente, presagia que tendremos poderosas fortunas y posesiones. Agarrar a un cordero representa fortuna inmediata. Si lo llevamos en los hombros, la fortuna será muy importante. Oír balar a un cordero augura que contaremos con protección y ayuda muy eficaces. Si el rebaño viene hacia nosotros y los corderos se nos meten entre las piernas, indica que conseguiremos el éxito pero con dificultad. Corderos muertos: presagia malas noticias. Verlo perdido, dudas e incertidumbre en nuestros asuntos.

Cordón: Si se trata de un cordón de zapatos es representativo de las relaciones con los demás. Usarlo indica los distintos sentimientos de su entorno hacia usted como: desconfianza y celos.

Cornisa: Riesgo de una situación compleja y desfavorable.

Coro: Placer del corazón y del espíritu. Alegría familiar.

Corola: Indica ternura y felicidad. Dicha afectiva.

Corona: Simboliza superación y triunfo. Una corona de flores indica placer. De azahar, compromiso matrimonial. Laurel, triunfo. Pámpanos, popularidad o placer sensual. Hiedra, segura amistad. Oro, dignidad. Roble, amor a la patria. Olivo, dulzura de carácter. Espinas, sufrimiento.

Coronel: Relaciones influyentes le aseguran la realización de sus proyectos.

Corral: Si el corral está cuidado augura incremento de bienes. Si está sucio y abandonado presagia pérdidas y pobreza.

Correa: Ver Cinturón.

Corredor: Si hablamos de un pasillo claro y agradable augura éxito en sus proyectos. Si el pasillo es oscuro y desagradable, dificultades para alcanzar los resultados esperados.

Correr: Si vencemos a otros competidores promete beneficios materiales y éxitos personales. Si en nuestra carrera nuestro competidor es un animal, significa victoria aunque tendremos que ver el significado del animal para saber sobre qué vencemos. Si vemos correr a una persona presagia acontecimientos imprevistos. Si son varias personas presagia disputas y querellas. Si van armados anuncia insurrecciones, revueltas o guerras.

Correspondencia: Ver Carta.

Corsé: Verlo en un hombre indica exigencias impuestas por su entorno. Usado por una mujer, riesgo de disputas conyugales.

Cortar: Si nos cortamos a nosotros mismos indica nuestro deseo de poner fin a alguna situación insostenible. Cortar a otra persona significa que deseamos romper la amistad o los lazos que nos unen a ella.

Cortejo: Nupcial, indica feliz acontecimiento familiar. Fúnebre, enfermedad.

Corteza: De pan augura dificultades y preocupaciones financieras. De queso indica que la abundancia le ha perjudicado. De árbol, protección delicada y frágil. Corteza pelada o arrancada, pérdida de un apoyo valioso.

Cortinas: Si están sucias anuncia enfermedad. Apartarlas o desgarrarlas significa que debemos profundizar en el conocimiento de uno mismo.

Cosecha: Significa riqueza, salvo que se coseche a destiempo.

Coser: Presagio de prosperidad y éxito.

Cosquillas: Recibirá dinero que había prestado o perdido.

Costurero: Si contiene elementos de costura augura que le ofrecerán nuevas posibilidades para mejorar su situación profesional.

Coyote: Problemas financieros dañinos.

Cráneo: Preocupaciones de orden afectivo.

Crecer: Si vemos crecer algo desmesuradamente, presagia un incremento de las cualidades o defectos simbolizados por dicho objeto o animal. Si vemos crecer a una persona pronostica ayuda o agresión, dependiendo de su actitud hacia nosotros. Si nos vemos crecer indica que nuestra situación pronto mejorará.

Crédito: Signo de próximas dificultades financieras.

Crema: Gran alegría. Suerte con el dinero.

Crepés: Feliz circunstancia familiar. Reencuentro con parientes.

Crepúsculo: Pronostica un cambio de situación. Las sensaciones tenidas en el sueño son muy importantes. Si vemos el crepúsculo y tenemos una sensación de paz, bienestar y felicidad augura el fin de nuestros problemas y el comienzo de una etapa mejor. Si la sensación es de inquietud, de frío o de malestar indica que pasaremos a una etapa menos buena o de mala suerte. Algunas veces significa añoranza de tiempos que pasaron al recuerdo.

Criados: Vernos rodeados de criados presagia que recibiremos una visita que nos halagará. Cuidado con los amigos aduladores.

Crimen: Si somos nosotros los criminales, indica que en la vida real nos sentimos culpables de haber cometido alguna injusticia. Si es otra persona, presagia escándalo y deshonra.

Crin: Significa independencia y soledad.

Crinolina: Momentos felices, alegría y buen humor.

Crisantemo: Indica compromisos rotos. Penas del corazón.

Cristal: Representa el espíritu y el intelecto. Simboliza sabiduría, adivinación e intuición. Soñar con un cristal transparente significa que nuestro espíritu e intelecto son claros y limpios. También presagia honradez y honestidad. En un nivel espiritual, anuncia la posibilidad de acceder a conocimientos, experiencias y niveles del mundo invisible.

Cristo: Significa una señal de alegría, felicidad y paz en el corazón y en el alma, aunque si lo vemos en la cruz anuncia tristeza y sufrimientos.

Crítica: Ser criticados anuncia vergüenza y pena. Criticar señala que está bien considerado por los demás.

Cronómetro: La intervención en uno de sus negocios exige vigilancia y presteza.

Cruce: Nos Anuncia que ha llegado el momento en que debemos escoger definitivamente hacia dónde dirigimos nuestra vida.

Crucero: Refleja el deseo de iniciar una nueva etapa de la vida (Barco) con un nuevo amor (Agua).

Crucifijo: Si lo llevamos en el pecho, nos advierte de la necesidad de recuperar nuestras creencias primitivas de las que nos estamos alejando. Si lo vemos en el suelo, este sueño nos anuncia que ha llegado el momento en que debemos escoger definitivamente hacia dónde dirigimos nuestra vida.

Crucigrama: Si lo terminamos indica que encontraremos soluciones justas, meditadas y precisas. Si no lo terminamos, nos tendremos que enfrentar con adversarios astutos y pertinaces.

Cruz: Ver Crucifijo.

Cruzar: Significa que deberemos acceder a una situación distinta a la actual sorteando obstáculos. Si lo que cruzamos es una calle, la barrera será de orden social. Si encontramos un semáforo simboliza las normas civilizadas de convivencia. Si está en verde indica que debemos realizar un cambio. En rojo indica que debemos esperar a que cambien las circunstancias. Si cruzamos en campo abierto, el obstáculo será de orden interno. Si cruzamos un río, el obstáculo es agua, es decir, los sentimientos y emociones.

Cuaderno: Representa la nostalgia o el recuerdo de nuestra infancia. Si lo abrimos y vemos que está en blanco, indica que desearíamos borrar el pasado. Así como sea el sentimiento al tener este sueño, habrá sido nuestro pasado.

Cuadro: Revela que nos gusta huir de la realidad y gozar de la fantasía. Si el cuadro es bello augura felicidad. Si es triste, apagado o desdibujado indica que vivimos de irrealidades.

Cuaresma: Indica privaciones y sacrificios.

Cubeta: Verla llena augura noticias sorprendentes. Vacía, contrariedades cercanas.

Cubiertos: Cuchara: Predice felicidad conyugal. Si es de palo indica felicidad a pesar de la pobreza. Si perdemos una cuchara, seremos víctimas inocentes de una sospecha. Cuchillo: Siempre va asociado a ideas de venganza, odio y temor. Si es un cuchillo de mesa o de cocina, augura disputas conyugales que pueden llegar a ser violentas. Tenedor: Indica que los envidiosos tratarán de desafiar sus sentimientos y colocar su hogar en una situación de conflicto.

Cucarachas: Si tienen malas intenciones hacia nosotros, indica calumnias, intrigas y sospechas. Atraparlas o matarlas, usted prevalecerá sobre sus adversarios.

Cuchicheos: Indica ingratitud de los suyos.

Cuello: Sólido, indica seguridad en sí mismo. Corto y delgado, debilidad de carácter. Enfermo, falta de perseverancia y esfuerzo. Decapitado, pérdida de posición.

Cuento: Momentos apacibles de felicidad, quietud y reposo.

Cuerda: Ver Cordel.

Cuernos: De toro y vaca simbolizan fuerza, fertilidad y paciencia. De carnero, agresividad. Si vemos los cuernos en la cabeza de alguien significa traición amorosa consentida.

Cuero: Ganancias financieras, suerte y prosperidad.

Cuerpo: Vernos con el cuerpo sucio presagia problemas morales o económicos. Hinchado o demasiado grande, incremento de bienes o poder. Enflaquecido o demasiado pequeño, pérdida de salud o de dinero. Soñarnos en dos lugares a la vez indica que estaremos emparejados con dos personas del otro sexo a la vez. Con el cuerpo partido en dos, separación de nuestros bienes.

Cuervo: Soñar con cuervos anuncia males y calamidades, salvo que nos hablen, en cuyo caso anuncia el fin de nuestros males.

Cueva: Ver Caverna.

Cuidar: Tanto si cuidamos a alguien como si nos cuidan, presagia el fin de enemistades y querellas.

Culebra: Ver Serpiente.

Culpable: Anuncia noticias particularmente desagradables.

Cultivar: Signo de felicidad. Si el campo está bien cuidado: felicidad floreciente. Descuidado: es la felicidad del conformista.

Cumbre: Si llegamos a alcanzarla indica que en la vida real alcanzaremos nuestros objetivos. Si apenas llegados a la cumbre nos caemos o no llegamos a alcanzarla, no conseguiremos triunfar por debilidad de carácter.

Cumpleaños: Festejar un cumpleaños augura circunstancias beneficiosas.

Cuna: Soñar con una cuna vacía refleja inseguridad e insatisfacción con nosotros mismos. Si mecemos a un niño presagia felicidad conyugal. Si en la cuna hay más de un niño presagia que nuestros bienes se verán incrementados día a día.

Cuñada: Indica que la estructura familiar se modificará.

Cuñado: Intereses familiares pueden provocar un largo conflicto.

Cupido: Se está aventurando en intrigas amorosas que no le reportarán nada bueno.

Cúpula: Gozará de apoyo y protección para resolver asuntos penosos o dolorosos.

Cura: Si somos creyentes presagia una ayuda providencial, consuelo e incremento de bienes materiales y espirituales. Si no somos creyentes anuncia males y calamidades, salvo que nos hablen, en cuyo caso anuncia el fin de nuestros males.

Curar: Anuncia el fin de las preocupaciones y el inicio de una nueva etapa en las que las posibilidades de éxito son mejores.

Curioso: La curiosidad de la que se hace objeto podría ser negativa para sus intereses.

Cúspide: Ver Cumbre.

— D —

Dado: Este sueño nos advierte que nos estamos dejando arrastrar por los acontecimientos sin hacer nada por dominarlos.

Daga: Si el soñador es un hombre, le amenazan rupturas y separaciones violentas. Si se trata de una mujer, además de amenazarle una ruptura, ésta derivará en chismes y calumnias.

Dalias: Próximas alegrías.

Damas: Este sueño es un reflejo de nuestra actitud ante la vida.

Daño: Casi siempre se trata de heridas a nuestra dignidad y orgullo. A veces el temor que tenemos a la enfermedad y a los accidentes se manifiestan como heridas.

Danzar: Si danzamos disfrazados indica que para tener éxito con nuestra pareja debemos ser sinceros. Si danzamos con la persona amada indica que es una unión sólida. Si nos caemos mientras danzamos, nos advierte no ser tan altaneros. Si el sueño resulta desagradable denota temor en nuestra relación amorosa.

Dardo: Riesgo de situación conflictiva con conocidos o familiares. Trate de reforzar y mejorar sus relaciones con los demás

Dátiles: Comprensión mutua en la familia o la pareja. Pensamientos sinceros y profundos que le ayudarán en su vida personal y profesional.

Debate: Sus adversarios conocerán bien sus intenciones y sabrán utilizarlas en su provecho. Sea prudente en su hablar.

Debutar: Ambiciones reales y meditadas.

Decapitar: La cabeza simboliza al alma y la inteligencia. Si nos vemos con la cabeza cortada augura la pérdida de una posición para ocupar otra mejor.

Decepción: Su situación se verá comprometida por las acciones nefastas de sus adversarios.

Dedal: Armonía conyugal comprometida.

Dedos: Simbólicamente los dedos se asocian a los parientes. Si nos duele un dedo o está llagado es que alguien de la familia caerá enfermo. Un dedo con cortes presagia discusiones y peleas familiares. Soñarnos con un dedo quemado indica problemas de celos. Si nos falta un dedo anuncia un suceso trágico.

Defecar: Presagia próximas dificultades. Este atento y alerta.

Defenderse: Sus ideas no serán admitidas.

Deformidad: Si la deformidad es una joroba indica buen presagio e indicio de suerte. Si es de la cara, posibles problemas familiares.

Degollar: Degollar un animal pronostica un acontecimiento feliz. Si somos nosotros los degollados o una persona de nuestro sexo, presagia violencias o problemas. Si es una persona del otro sexo, revela el deseo de mantener relaciones culpables con la misma.

Delantal: Simboliza el trabajo y la protección si está limpio. Si está sucio anuncia discusiones y desorden en el trabajo.

Delfín: Simbolizan la salvación y la rapidez. Tanto en lo material como en lo espiritual nos hallamos en buen camino.

Delgadez: Nos advierte sobre nuestra salud.

Delincuente: Sus pertenencias y recursos se verán comprometidos por los malintencionados actos de sus rivales.

Delirar: Tendrá preocupaciones que deberá afrontar en soledad.

Demanda: Ofertas financieras poco serias y sin fundamento.

Demencia: Verse demente indica que vivirá períodos agitados en los que los acontecimientos le serán adversos. Ver a otras personas dementes, se preparan malas acciones en su contra.

Demoler, demolido: En este sueño lo que es demolido es lo que desaparece de nuestra vida. El nombre de lo demolido nos indicará cuál es la pérdida.

Demonio: Ver Diablo.

Dentífrico: Asegurará sus derechos y protegerá su vida afectiva.

Dentista: Augura dificultades sentimentales y deslealtad.

Denunciar, denunciado: A una persona, anuncia noticias desagradables y rivalidades. Ser nosotros los denunciados indica que lograremos vencer a nuestros detractores.

Deriva: Indica que nuestra vida va sin rumbo. Debemos definir unos objetivos a alcanzar.

Derribar, derrumbar: En este sueño lo que es derribado es lo que desaparece de nuestra vida. El nombre de lo derribado nos indicará cuál es la pérdida.

Derrota: Sufrir una derrota augura vergüenza y humillación.

Desabrochar: Confianza compartida con otros. Confidencias útiles para sus gestiones laborales.

Desactivar: Logrará modificar los acontecimientos a su favor.

Desafío: Si desafiamos a alguien en sueños es que existen obstáculos imprevistos. Si los desafiados somos nosotros, deberemos tomar una resolución valerosa.

Desalojar: Esperanza de éxito.

Desaparición: Si desaparece un objeto o una persona, revela represión y desilusiones. Si lo que desaparece posee un simbolismo sexual, el sueño revela timidez, vergüenza o sentimientos de inferioridad.

Desarmar: Tal como indica el sueño, si desarmamos a alguien en sueños predice que desarmaremos a nuestros adversarios y no podrán hacer nada contra nosotros.

Desastre: Negocios difíciles y pérdidas financieras importantes.

Desatar: Soñarnos atados significa una dependencia que nos pesa demasiado. Si nos desatarnos, encontraremos la liberación.

Desayuno: Ver Comer.

Descargar: Descargar un objeto en nuestra casa, indica una situación financiera confortable y ganancias de dinero. En casa de otros, augura que llevará ayuda y consuelo a conocidos.

Descarrilamiento: Si vemos un descarrilamiento augura próximas perspectivas desagradables.

Descifrar: Descifrar un mensaje augura noticias importantes. El significado de éste, le parecerá extraño y trastornará algunas costumbres de su vida.

Desclavar: Esperanza de condiciones sanas y equilibradas.

Descolgar: Ingratitud, incomprensión, mezquindad en su círculo.

Desconfianza: En sueños este sentimiento es de mal augurio.

Desconocido: Si son de nuestro mismo sexo y edad, el desconocido es un reflejo de nosotros mismos. No de cómo somos, sino de cómo desearíamos ser. Si es de nuestra edad y sexo, pero se muestra violento indica que nos esperan contrariedades y peleas. Si es del otro sexo y nos sentimos atraídos hacia esta persona, refleja deseos sexuales insatisfechos. Si no nos sentimos atraídos, anuncia que conoceremos a una persona que nos prestará ayuda y amistad. Cuando el desconocido, no importa el sexo, es de edad madura simboliza ayuda acompañada de protección y éxito en nuestras empresas.

Descuartizar: Es una pesadilla que refleja una situación moral o material insostenible. No importa qué o quién sea descuartizado, su significado siempre nos advierte para que pongamos fin a esta situación de lo contrario perderemos la salud física o mental.

Descubrir: Sorpresa por un suceso favorable para sus intereses.

Desdicha: Indica disminución de responsabilidad en sus actividades, recursos financieros debilitados y preocupaciones en sus relaciones con los demás.

Desear: Un objeto, indica que no logrará realizar lo que desea. Obtenerlo, suerte en sus gestiones después de dificultades.

Desembarcar: Simboliza el final de una prueba, de una obediencia, de un trabajo y de cualquier cosa que estemos realizando.

Desembocadura: Si soñamos con la desembocadura de un río anuncia alegría por un merecido éxito. Es de gran importancia la belleza del paisaje, el agua y la ribera. Todo esto nos ayudará a definir mejor el sueño.

Desempleo: Fracaso de un proyecto que le interesaba mucho.

Desenmascarar: A nosotros, indica que nos humillarán y avergonzarán. A otra persona, terminará con adversarios dañinos.

Desenterrar: A una persona, anuncia que un período difícil le va a poner a prueba. Un objeto, sorpresa por un suceso que puede resultarle favorable.

Desfigurar: Ser desfigurado indica soledad y desamparo moral. Ver a alguien desfigurado, será responsable de faltas o errores cometidos.

Desfile: Si en sueños presenciamos un desfile es buen presagio. Nos dice que podemos contar con muchos amigos fieles.

Desgarrar: Si desgarramos ropas, sufrirá la reputación de la persona a la que pertenecen. Si desgarramos documentos o papeles, augura el olvido y el perdón de faltas cometidas.

Desgracia: Caer en desgracia augura mala suerte. Ver caer en desgracia a otra persona indica que logrará superar dificultades.

Desgranar: Habladurías sobre su vida privada.

Desheredar: Anuncia pérdida de dinero.

Deshielo: Amistades recuperadas.

Deshonestidad: Espere actitudes hostiles y reprensibles por parte de quienes le rodean.

Desierto: Indica que tenemos un sentimiento de soledad y de no ser querido. En personas profundamente místicas simboliza el camino que deben seguir para conseguir la gracia.

Desinfectar: Necesitará la ayuda de sus amigos para resolver una situación ambigua.

Desmayo: Es una promesa de placeres de corta duración, que resultarán peligrosos para su salud o reputación.

Desnudo: Primero veremos si existen implicaciones sexuales, en cuyo caso su significado no puede ser más evidente. En caso contrario, vernos desnudos equivale a vernos libres de toda hipocresía. Si nos sentimos felices, refleja el cansancio que nos produce el fingir continuo que nos impone la sociedad. En casos extremos puede revelar el deseo de abandonar todo tipo de vida social. Si la desnudez soñada nos resulta incómoda, refleja el desamparo y la impotencia que experimentamos social o profesionalmente. También puede representar que nos avergonzamos de nuestro propio cuerpo. Si vemos desnudas a otras personas puede tratarse de deseos sexuales, o del deseo de conocer las intenciones y pensamientos de los demás con respecto a nosotros.

Desodorante: Los artificios empleados para enmascarar la verdad ante los demás no le darán resultado.

Desorden: Causarlo indica trastornos de los que usted será responsable. Soportarlo, molestias provocadas por alguien agresivo.

Despacho: Decepción por el resultado de sus gestiones.

Despecho: Indica fracaso y mala suerte.

Despedazar: Temores justificados de ver dañadas sus finanzas.

Despegue: Nuevas condiciones conducirán sus esperanzas hacia proyectos fecundos.

Despeinarse: Anuncia una situación compleja y embrollada.

Desperdicios: Anuncia problemas, salvo si los barremos, que presagia una solución rápida.

Despertar: Soñar que nos despertamos anuncia suerte y éxito. Si despertamos a una persona, conflictos y oposiciones.

Despido: Si nos despiden del trabajo indica desacuerdo en sus actividades profesionales. Si despiden a un conocido, señala que no nos gusta asociar la amistad con los negocios.

Destornillador: Indica nuestro deseo de dedicarnos a nuestras aficiones o de completar algún trabajo que tenemos en curso.

Destrucción: Negocios desafortunados y trastornos de dinero.

Desván: Significa que en nuestro interior tenemos recuerdos de la niñez. Indica que algo no marcha bien en nuestra vida.

Desvestir: Ver Desnudo.

Desvío: Circunstancias imprevistas modificarán de manera previsible la evolución de sus proyectos.

Detective: Sospechas e inquietudes cercanas.

Deudas: Pagarlas indica mejora financiera. Contraerlas, noticias desagradables.

Devorar: Verse devorado por un animal salvaje presagia tormentos y angustias.

Día: Las primeras horas del día significan un nuevo ciclo favorable para su clima social y el de sus empresas. Avanzado el día, señala una actividad intensa y la concreción de sus proyectos. Cuando el día llega a su fin, le anuncia la conclusión de un período y el fin de un ciclo.

Diablo: Reflejo distorsionado de nuestra conciencia, que nos acusa de alguna falta que nos atormenta. Si se trata de un diablo aterrador, el sueño nos revela atadura a los temores infantiles y a los complejos de culpabilidad. Si el diablo es tentador refleja desconfianza en nosotros mismos y temor ante nuestras debilidades. El diablo conciliador y amistoso, revela nuestra tendencia o nuestro deseo de disminuir la culpabilidad de nuestras faltas.

Diácono: Tendrá apoyo y buenos consejos en momentos difíciles.

Diadema: Cambio de situación, progreso y promoción.

Diagnóstico: Un aviso que le prevendrá contra decisiones apresuradas. Tenga cuidado con futuros negocios o proposiciones.

Dialecto: Oírlo hablar indica que permanecerá extrañado ante actitudes que desorientarán su forma de pensar. Hablarlo augura actividades que se cumplirán en secreto.

Diamante: Simboliza la soberanía, la incorruptibilidad, la realidad absoluta, el valor ante la adversidad y la integridad de carácter. Augura buena suerte y prosperidad.

Diario íntimo: Representa la nostalgia o el recuerdo de nuestra infancia. Si lo abrimos y vemos que está en blanco indica que desearíamos borrar el pasado. Así como sea el sentimiento al tener este sueño habrá sido nuestro pasado.

Diarrea: Decepción familiar y profesional.

Dibujo: Revela que estamos proyectando algo, cuya realización se efectuará según la belleza del dibujo soñado.

Diccionario: Nos advierte que necesitamos ampliar nuestros conocimientos.

Dientes: Soñar que se pierden los dientes simboliza frustración, castración o fracaso. Para un hombre refleja temor a la pérdida de la virilidad o la derrota en la vida. Para una mujer significa el temor a envejecer y en caso de estar embarazada, el temor a un parto difícil. También dependerá del diente que se nos caiga. Los incisivos son dientes figurativos. Simbolizan la apariencia externa, el renombre, la celebridad y la belleza. Los caninos simbolizan encarnizamiento y agresividad. Los molares simbolizan obstinación y perseverancia.

Dificultades: Cualquier dificultad presagia obstáculos en la consecución de nuestras esperanzas y proyectos.

Difunto: Soñar con personas que en la vida real han fallecido y eran queridas para nosotros, revela insatisfacción por nuestra vida actual. Si el difunto actúa acusador y vengativo, se trata de un complejo de culpabilidad ligado con esta persona. Si soñamos con una persona muy amada que ha fallecido y durante el sueño muere, indica que a partir de ese momento nuestra alma acepta como un hecho real la muerte de dicha persona.

Diluvio: Presagia una época de desastres y mala suerte que significa empezar de nuevo y con mayores posibilidades de éxito.

Dinamita: Gozará de la estima de sus relaciones profesionales por la solución de sus problemas.

Dinero: Simboliza cosas íntimamente deseadas. Si deseamos apropiarnos de dinero, simboliza el deseo hacia una persona del otro sexo. Encontrar un tesoro y tener miedo a que nos vean acogiéndolo, se refiere a relaciones ilícitas. Comprar algo y que nos devuelvan más dinero o encontrar dinero significa que lo adquirido tenía un valor superior al imaginado, moral, material o sentimentalmente. Si nuestra pareja nos roba indica que exageramos nuestro amor, sacrificando cosas que también son importantes. Perder dinero indica nuestro temor a perder algo muy querido.

Dios: Este es un sueño rarísimo Puede significar que usted tiene una extraordinaria seguridad en sí mismo o una gran paz interior.

Diploma: Recibirlo indica distinciones y recompensas en su trabajo. No conseguirlo, usted debe modificar sus planes en consecuencia.

Dirección: Ver una dirección en sueños significa que recibiremos noticias o la visita de un amigo. Dar nuestra dirección nos advierte que hemos cometido una imprudencia.

Director: Ver Presidente.

Dirigible: El globo simboliza la totalidad. El dirigible revela la inconstancia, versatilidad de nuestros pensamientos y deseos que son causa principal de nuestros fracasos y frustraciones.

Disciplina: Sufrir su aplicación anuncia que el rigor de la sanción le resultará penoso.

Discordia: Indica que pasará momentos penosos. Conflictos con la familia, los amigos o los compañeros del trabajo.

Discos: Le resultará necesario esforzarse para cumplir la tarea que le ha sido encomendada.

Discurso: Pronunciarlo indica que sus deseos no se realizarán. Oírlo según su contenido, indicará el sentido favorable o desfavorable del sueño.

Discusiones: Si discutimos con personas de un alto nivel cultural, significa que tendremos satisfacción en importantes gestiones. Si son gente de menor nivel, usted será menospreciado y ridiculizado.

Disecar: Ver un animal disecado le advierte para que no desafíe sus relaciones profesionales.

Disfraz: Soñar que estamos disfrazados revela la intención de ocultar nuestros sentimientos, emociones y deseos de engañar a los demás. Si vemos disfrazadas a otras personas, intentaremos recordar quiénes eran y desconfiar de ellos, ya que quieren engañarnos.

Disparo: Carece de significado. Es la representación onírica de un ruido real.

Disputa: Indica que pasará momentos penosos. Conflictos con la familia, los amigos o los compañeros del trabajo.

Distancia: Este sueño está relacionado con dificultades que se deberán afrontar.

Diversión: Anuncia próximas discusiones.

Divorcio: Suele tratarse del reflejo de unas relaciones matrimoniales que se han hecho difíciles.

Doble: Soñar con un doble que nos acompaña, revela la incapacidad de hacer frente a los problemas reales de importancia. Si este sueño se hace muy repetitivo es prudente la visita a un psicólogo.

Doctor: Si somos nosotros el doctor, este sueño nos aconseja que atendamos tanto al cuerpo como al alma. Las medicinas simbolizan una ayuda para el cuerpo y para el alma. Si la medicina es para otra persona, será ella quien precisa de nuestra ayuda.

Dolores: Casi siempre se trata de dolor a nuestra dignidad y orgullo. A veces se manifiesta como dolor, el temor que tenemos a la enfermedad y a los accidentes.

Domar: Este sueño presagia éxito y triunfo de poca duración si en la doma no ocurren accidentes. Si este sueño se tiene siendo niño o adolescente, refleja el afán de aventuras propios de la edad. Si estamos pasando por un difícil momento en nuestra vida, el sueño puede reflejar la necesidad de dominar pasiones internas de carácter contradictorio.

Domesticar: Asegura éxito y triunfo de larga duración. Si refleja estados interiores significa el final de las dudas e incertidumbres.

Dominó: Indica placeres inocentes. Si ponemos excesiva pasión en el juego y perdemos, predice indiscreciones. Si ganamos revela nuestro deseo de ser adulados.

Donativo: Si realizamos un donativo nos augura la ingratitud de quienes nos deben favores. Recibir un donativo presagia un cambio favorable en nuestra posición. Si lo recibimos de un hombre, la mejoría se producirá gracias a los consejos recibidos. Si proceden de una mujer, las que nos ayudarán serán las amistades.

Dormir, dormido: Si en sueños nos vemos dormidos revela nuestra falta de atención. Somos muy negligentes en la vida real.

Dormitorio: La casa simboliza nuestro ser y nuestra personalidad. El dormitorio, el descanso y el sexo.

Dote: Anuncia una boda en perspectiva.

Dragón: La lucha contra el dragón simboliza la lucha del yo contra las tendencias e instintos regresivos para liberar el alma.

Droga: Placeres fáciles y costosos, pero cargados de consecuencias frustrantes.

Dromedario: Verlo o montarlo indica que a fuerza de voluntad alcanzará el éxito.

Ducha: Si está a temperatura agradable indica energía y voluntad de triunfar. Si no es agradable, dificultades para lograr el éxito.

Duelo: Si somos nosotros los que nos batimos en duelo, anuncia discusión con el cónyuge o los amigos. Si presenciamos uno, serán nuestros amigos o parientes los que disputarán entre sí.

Duende: Suerte afectiva y éxito sentimental.

Dunas: Verlas y caminar por ellas anuncia dificultades próximas. Hacer un hoyo y acostarse indica fuertes pérdidas de dinero.

Dúo: Cantar a dúo anuncia mejoría en sus asuntos sentimentales.

— E —

Ebriedad: Verse ebrio indica desaliento y soledad moral.

Eclipse: Presagia desgracias. Si es de luna, las desgracias no son demasiado graves. Si es de sol, anuncia serias desgracias.

Eco: Presagia mentiras e indiscreción si se repite la voz de los demás. Si la voz que se repite es la nuestra, indica pasividad y falta de iniciativa para perseguir nuestros sueños y metas.

Edad: Si hablamos de edad indica que su sinceridad será apreciada en su medio profesional. Si sentimos en sueños inquietud por la edad, vigilaremos nuestra salud. Ocultar la edad anuncia que será traicionado por alguien en su círculo social.

Edificio: Según sea construido el edificio será nuestro porvenir en la vida real. Si la construcción es amplia y sólida es que sentiremos la necesidad de expandir nuestra vida e intereses. Si los edificios son pequeños, nuestra empresa será más modesta aunque siempre mejor que ahora. Si se cae o está en mal estado lo que construimos, deberemos revisar nuestros planes.

Editor: Nuevos proyectos o feliz evolución de su situación.

Edredón: Comodidad y seguridad en el hogar.

Ejecución: Si aparecemos como víctimas indica que existe un grave complejo de culpabilidad. Si somos nosotros el verdugo, denota que no queremos que nos dominen.

Ejército: Augura discordia y problemas con los demás. Simboliza a los amigos o colaboradores. Interpretaremos este sueño según sea el aspecto del ejército.

Elástico: Anuncia un período feliz y reconfortante.

Electricidad: Si su utilización es normal será favorable para nosotros. Si nos provoca heridas determina algún peligro.

Elefante: Simboliza la fuerza, la prosperidad, la longevidad y la memoria. Si montamos o conducimos un elefante es signo de éxito gracias al apoyo de personas poderosas. Para un enfermo pronostica curación y larga vida.

Elevación: Ver Cumbre.

Embajador: Serlo, indica que corremos el riesgo de renunciar a nuestra profesión. Hablar con él augura que nuestras actividades serán provechosas.

Embalar: Si se trata de pertenencias anuncia contratiempos. Si son las pertenencias de otra persona indica riesgo de intenciones malévolas y engaños. Ver a una persona embalar señala que puede ser víctima de un robo.

Embalsamar: Anuncia una enfermedad larga en algún allegado.

Embarazo: Si está embarazada en la realidad, este sueño no es más que un reflejo de su estado actual. Si no es así, refleja el deseo de casarnos o de una existencia más tranquila. Si el sueño es angustioso revela miedo a las relaciones sexuales. Si es una pesadilla que termina con un parto espantoso, revela obsesión por las enfermedades venéreas o las malformaciones físicas.

Embarcarse: Puede tratarse del deseo de conocer nuevos horizontes o de un cambio de vida. También puede significar que embarcaremos en un nuevo proyecto o negocio.

Emboscada: Preparar una emboscada indica que la astucia y la fuerza le favorecerán en sus actividades. Caer en una emboscada anuncia riesgo de conflictos imprevisibles.

Embrujar: El que un mago o una bruja nos haga víctimas de un encantamiento, es una advertencia para que nos demos cuenta que hemos cometido una falta que debemos reparar si no queremos exponernos al castigo en esta vida o en la próxima.

Embudo: Si soñamos con un embudo y no lo usamos indica despreocupación.

Emigrar: Su situación y sus actividades serán diferentes.

Empantanarse: Hundirnos en un pantano presagia enfermedad o peligros. Si el cielo es plomizo y las aguas pestilentes, el presagio es peor. Si vemos vegetación y algún rayo de sol, el presagio es menos malo e indica la posibilidad de salir indemnes del peligro.

Emperador: Algún ascenso le permitirá acceder a responsabilidades de un nivel más elevado.

Emperatriz: Indica que llevará a cabo un proyecto particularmente difícil bajo condiciones excepcionales.

Empleo: Si usted aparece ascendiendo a un empleo más elevado, pronostica que recibirá honores y dignidades.

Empujar: A una persona, indica que usted será responsable de una situación delicada en la que no tendrá colaboración. Empujar un objeto advierte que tenga precauciones para salvaguardar sus intereses personales.

Enanos: Si aparecen como pequeños seres inocentes, simbolizan las manifestaciones del inconsciente. Las palabras y la conducta de estos seres encierran un mensaje provechoso y revelador. Si los enanos son deformes y desagradables, reflejan nuestra ignorancia y pequeñez. La lucha contra estos seres puede significar uno de los medios para alcanzar la verdadera sabiduría.

Encadenar: Soñar con cadenas indica que los problemas actuales fueron creados en el pasado. Romper una cadena augura el fin de los problemas.

Encajes: Realizaciones felices en el amor.

Encantamiento: El que un mago o una bruja nos haga víctimas de un encantamiento, es una advertencia para que nos demos cuenta que hemos cometido una falta que debemos reparar si no queremos exponernos al castigo en esta vida o en la próxima.

Encarcelamiento: Ver Cárcel.

Encender: La luz anuncia noticias agradables. El fuego, felicidad conyugal y serenidad. Una vela, amenaza de enfermedad.

Encerrar: Estar encerrado anuncia obstáculos imprevistos. Encerrar a una persona indica que encontrará los medios para neutralizar a sus adversarios.

Encías: Una encía perfecta anuncia suerte y éxito en sus empresas. En mal estado, circunstancias difíciles de cualquier índole.

Encuesta: Ser objeto de una encuesta anuncia que ha despertado las sospechas de sus rivales. Participar en una indica victoria inminente sobre sus adversarios.

Enemigos: Soñar que les vencemos significa que en la vida real estamos decididos a vencerles. Hablar con ellos indica el deseo de solucionar pacíficamente nuestras diferencias.

Enfermedad: Soñar que estamos enfermos indica preocupación por nuestra salud y revela la existencia de problemas emotivos. Si el enfermo es nuestro padre, existe la posibilidad de que enfermemos de la cabeza. Si es la madre, del vientre. Un hijo, del corazón. Un hermano, de los brazos o las piernas.

Enfermera: Pronostica la próxima presencia de una persona de la que recibiremos consejos, afecto e incluso amor.

Enfermería: Puede reflejar un temor a la enfermedad. Pronostica a veces dificultades debidas a la maldad de los demás. Si visitamos una enfermería, nos advierte que debemos apartarnos cuanto antes de un negocio en el que nos hemos dejado envolver.

Engaño: Procure ser más desconfiado si no quiere que le roben lo que legítimamente es suyo.

Engordar: Si en sueños nos vemos engordar presagia un incremento de bienes y salud.

Enharinar: Soñar con harina es una garantía de que no nos faltará lo más indispensable. A mayor cantidad soñada, mayor nivel de vida. En un nivel más elevado puede significar el alimento que nos permite alcanzar niveles de conciencia más elevados.

Enhebrar: El hilo simboliza todo aquello que liga entre sí a todos los estados de la existencia. Cuanto se haga en sueños con los hilos, equivale a hacerlo con algún problema o asunto complicado. Los hilos de metales nobles anuncian éxitos gracias a la sutileza y diplomacia.

Enjabonarse: Soñar con jabón en cualquiera de sus usos, pronostica que las cosas se aclararán.

Enjambre: Ver Abeja.

Enrollar: Decepción, pesares y rechazo a luchar.

Ensalada: Este sueño es una advertencia para que vigilemos nuestra dieta.

Ensartar: Ensartar perlas indica discusiones inútiles y costosas. Ensartar hilo en una guja al primer intento significa seguridad en uno mismo, fallar repetidamente indica inseguridad personal.

Enseñar: Verse enseñando indica que sus consejos y su saber son buscados por los suyos. Recibir una enseñanza, su falta de decisión será desfavorable para su situación.

Enterrar: Para saber qué presagia el soñar, si enterramos un animal o un objeto debemos mirar el significado de lo que enterramos. Si no distinguimos lo que enterramos, augura un cambio radical en su vida.

Entierro: Si entierran a alguien presagia triunfo sobre nuestros enemigos. Si nos entierran a nosotros vivos, revela que alguien hace lo posible por perjudicarnos. Si nos entierran muertos presagia una vida larga y feliz además de un incremento de nuestros bienes. Si nos entierran en una tumba y no en un mausoleo, indica que llegaremos a ser propietarios de una casa o una finca.

Entrelazar: Simboliza la unión hasta la muerte y más allá. Este sueño revela nuestro íntimo deseo de formar una unión imperecedera con alguien o con algo.

Entremeses: Ver Comer.

Entumecimiento: Padecerlo en sueños indica dificultad para superar sus problemas.

Envenenar: Sus adversarios serán particularmente nocivos.

Envidiar, envidiado: A una persona, indica frustración en la realización de sus proyectos. Ser envidiado favorece la evolución de nuestra situación.

Envolver: Simboliza lo que desaparece o muere. La clave del sueño la proporciona el nombre de lo que se envuelve. También es importante el grado de opacidad de la envoltura, ello nos indicará el grado de muerte o de profundidad en que se entierra en el subconsciente.

Epidemia: Ver Enfermedad.

Epitafio: Anuncia asuntos relacionados con una sucesión o una herencia.

Equipaje: Este sueño presagia un cambio y evolución. El equipaje simboliza nuestros bienes, posibilidades, capacidades, instintos, costumbres, protecciones, etc. Si el equipaje no tiene dueño, se trata de la llegada de alguien que motivará a que se produzca un cambio. Si perdemos u olvidamos nuestro equipaje, manifiesta nuestra impotencia para poder realizar la función o evolución que deseábamos. Si cargamos demasiado nuestro equipaje hasta convertirlo en un estorbo, indica que estamos demasiado atados a las cosas materiales.

Equitación: Ver Caballo.

Erizo: Presagia luchas, persecuciones y decepciones.

Errar: Soledad moral y afectiva. Mala suerte en sus actividades.

Erupción: Tratándose de una erupción volcánica: simboliza una mutación brusca de la vida real y las pasiones largamente reprimidas, que pueden llegar a estallar con toda violencia. Si conseguimos domar estas pasiones se convierten en fuente de vida espiritual. Si se trata de una erupción cutánea anuncia temores, inquietudes y problemas penosos de soportar.

Escalar: Ver Cumbre.

Escalera: Simboliza el medio para pasar de un nivel a otro. Si es una escalera de mano predice éxito o mejoría de posición temporal. Por otro lado, cada peldaño es independiente y representa dificultades independientes entre sí. Si es una escalera fija, el mismo éxito posee duración y trascendencia que marcará nuestra vida. En esta escalera los peldaños tienen continuidad, lo que representa dificultades y obstáculos continuos. La escalera de caracol simboliza un círculo vicioso. Suele ir acompañada por un sentimiento de angustia y temor. Simboliza que estamos gastando nuestras energías en algo que no vale la pena. La escalera también puede adquirir un significado espiritual, que conoceremos por el número de escalones (debe ser el de un número sagrado, casi siempre el siete) y por la atmósfera del sueño. En estos casos, representa la subida del alma hacia Dios o el descenso de Dios hasta el alma para otorgarle su gracia. Subir una escalera significa éxito y triunfo. Caer significa fracaso y pérdida de posición. Pasar por debajo, humillación y afrenta. Ver una escalera en el suelo, enfermedad. Levantarla, curación. Verla apoyada en un muro, peligro.

Escamas: Cuando nos vemos a nosotros mismos provistos de escamas, el sueño nos revela que corremos el peligro de dejarnos arrastrar por los bajos instintos.

Escándalo: Sus relaciones le exigirán y amenazarán.

Escapar: Escapar de un peligro indica suerte. La clase de peligro de la que escapamos nos indicará aquello de lo que realmente nos libramos.

Escarabajo: Anuncia suerte y éxito en sus empresas.

Escarapela: Delimite las responsabilidades de cada uno expresando sus opiniones con claridad.

Escarcha: Indica pequeñas contrariedades en la amistad y en las relaciones amorosas.

Escenario: Ver Película.

Esclavo: Verlo, anuncia circunstancias desastrosas. Ser esclavo indica que una parte de su vida ha trabajado y se ha sacrificado sin recibir recompensa alguna.

Escoba: Soñar con una escoba puede reflejar insatisfacción por las labores caseras, o que las tenemos demasiado abandonadas. También revela el deseo de apartar de nuestra vida algo que nos resulta desagradable. Si la escoba se transforma en bastón, presagia problemas conyugales. Si barremos en mitad de la calle revela timidez.

Esconder, escondido: Un objeto, indica relaciones basadas en la desconfianza y la deslealtad. Escondernos nosotros indica que nuestra incertidumbre nos impide solucionar nuestros problemas.

Escorpión: Simboliza las traiciones y los males traicioneros. Donde vemos al escorpión es donde se oculta la traición. Ver un escorpión en nuestra cama indica infidelidad. Si se encuentra en nuestro lugar de trabajo es de esperar que nos traicionen allí. Encontrarlo entre nuestros vestidos indica que alguien íntimo nos traicionará. Si nos pica amenaza enfermedad. Verlo muerto o matarlo será una traición descubierta a tiempo.

Escribir: Buenas noticias en relación con lo que escribimos.

Escuchar, escuchado: Ser escuchado le advierte para que no se deje engañar con la actitud de la gente. Escuchar a otras personas indica que debemos estar atentos a los consejos que recibimos.

Escudo: Riesgo de conflictos, salvo si se trata de un escudo de armas, en cuyo caso nos anuncia que recibiremos honores y distinciones.

Escuela: Refleja la tensión que precede a un examen o la frustración ante las actuales circunstancias de nuestra vida.

Escultura: Si las contemplamos presagia relaciones útiles y agradables. Si nos vemos realizando una escultura y reconocemos a la persona que estamos modelando, expresa nuestro deseo de educarla y modelar su carácter.

Escupir: Al suelo indica que deberemos realizar esfuerzos para alcanzar nuestros fines. Sobre una persona indica mala suerte.

Esfinge: Simboliza al aspecto enigmático y misterioso de la mujer.

Esmalte: Objetos esmaltados indican fragilidad en sus relaciones afectivas. Esmalte de uñas anuncia astucia, perfidia e hipocresía.

Esmeralda: Es la piedra del conocimiento secreto. Si el sueño va acompañado de sentimientos placenteros manifiesta el íntimo deseo de adquirir el conocimiento y alcanzar los dones de la clarividencia. También puede presagiar el goce de una vida perfecta hasta la vejez. Si va acompañado de sensación de angustia o terror, refleja el temor de resurgir malos instintos, especialmente si la esmeralda va acompañada de un zafiro. También puede presagiar una enfermedad en la vista.

Espada: Simboliza el valor y el poder. Cuando la vemos en su totalidad confirma nuestro valor y nos augura poder. Si ya lo tenemos, el éxito y la posición social. Si junto a la espada aparecen balanzas simboliza la justicia de actos y palabras. Si en nuestro sueño resalta la empuñadura, la espada se convierte en una cruz. (Ver Crucifijo) Si lo que destaca es su hoja de doble filo y la hoja es reluciente y afilada, nuestras palabras serán convincentes. Si es defectuosa o corta, revela falta de elocuencia. Si es pesada y difícil de manejar indica que prometemos lo que no podemos cumplir. En un contexto sexual, la hoja representa al hombre y la vaina a la mujer.

Espalda: Simboliza la fuerza física y la resistencia. Si es fuerte pronostica salud. Si es débil, enfermedad. Si somos nosotros con la espalda curvada, augura penas y vejez prematura. Si es un amigo, las desgracias serán para él. Si es un enemigo indica que se verá impotente para perjudicarnos.

Espantapájaros: Aprenda a dominar sus sentimientos y a controlar mejor sus reacciones.

Espárragos: Presagian éxito, curación y liberación.

Espátula: Advierte del peligro de resultar heridos en el desarrollo de sus actividades.

Espectáculo: Ver Película.

Espejismo: Promesas engañosas y anhelos inaccesibles.

Espejo: Este sueño lo mismo puede reflejar cómo somos, cómo desearíamos ser, o darnos una imagen distorsionada de la realidad. Si la sola visión del espejo nos produce desasosiego, revela nuestro miedo a vernos como tememos ser. Si la imagen reflejada es mejor que la realidad, revela en nosotros autocomplacencia y narcisismo. Si la imagen es desagradable se trata del mismo sueño que revela nuestro miedo. Si el espejo aparece roto o se rompe, hay que esperar alguna desgracia. Igualmente ocurre si en lugar de reflejarnos, se refleja otra persona. Si está empañado o sucio presagia desgracias de escasa importancia. Si está limpio y brillante significa que lo malo que temíamos en la vida real no llegará a producirse.

Esperar: A una persona indica obstáculos en sus proyectos. Si esa persona llega indica éxito de sus planes.

Espía: Se mezclará en una situación compleja.

Espiga: Es símbolo del crecimiento, la fertilidad y la madurez. Si están llenas y maduras simboliza la máxima riqueza. Vacías y secas, máxima pobreza.

Espina: Significa obstáculos y dificultades. Si nos pinchamos, se verán agravados estos problemas. Si conseguimos arrancarlas sin clavárnoslas, lograremos superar nuestros problemas.

Espinaca: Señal de buena salud y vigor físico.

Esponja: Deberá prestar más atención para proteger su reputación.

Espuelas: Verlas augura preocupaciones. Llevarlas indica que usted no tiene la fuerza de carácter que pretende.

Espuma: De cerveza, presagia que realizaremos un esfuerzo que nos resultará rentable. De mar, nos advierte para que seamos prudentes.

Esqueleto: Este sueño revela que se han perdido las esperanzas e ilusiones y que pasamos por un período de pesimismo y abatimiento. Si este sueño se repite mucho es aconsejable acudir a un médico pues podemos estar entrando en una depresión.

Esquí: Soluciones rápidas y eficaces pero temerarias.

Establo: Lleno de animales indica desahogo financiero. Vacío o con animales enfermos anuncia pérdidas de dinero.

Estaca: Personas influyentes le prodigarán consejos útiles.

Estafa: Algunas amistades embrollarán sus negocios.

Estandarte: Indica que obtendremos pronto una recompensa honorífica.

Estanque: Nos proporciona información sobre nuestras emociones. Si está rodeado por abundante vegetación, aumenta el significado de vida sentimental e indica el deseo de exteriorizar y vivir emociones y pasiones amorosas. Si las orillas son áridas indica el temor a no conseguir realizar nuestros deseos amorosos. Si sus aguas son limpias, confirma que nuestros sentimientos están bien fundados. Si las aguas están turbias o agitadas por la tormenta augura amores difíciles. Lo que digan o hagan las personas que nos acompañen, nos informará sobre su verdadera personalidad. Pescar en el estanque indica nuestro deseo de hallar pareja. Si el estanque está muy turbio y con peces muertos o está seco, indica fracaso de esperanzas sentimentales.

Estantes: Si están llenos de cosas, predice buenas oportunidades de incrementar nuestros bienes materiales, mentales o espirituales. Si están vacíos augura pérdidas o frustraciones.

Estatua: Contemplarla augura una feliz consecución de nuestros deseos. Si nos abrazamos a ella indica que nuestros deseos son desmesurados e irrealizables. Si nos vemos transformados en estatuas, revela temor a encontrarnos frente a una situación irremediable.

Estómago: Si no sufrimos del estómago en la realidad, este sueño presagia contrariedades y problemas. Ver Abdomen, Barriga.

Estornudar: Si no estamos resfriados en la realidad, estornudar en sueños augura que recibiremos una sorpresa.

Estrangular, estrangulado: A una persona, indica que causaremos graves daños financieros a un conocido. Ser estrangulado señala que sufriremos pérdidas financieras.

Estrechar: A parientes cercanos augura una vida familiar feliz. A desconocidos, advierte que sea prudente con sus relaciones.

Estrellas: Verlas brillar en el cielo presagia riqueza y felicidad. Si son pálidas y oscurecidas, o si las vemos caer sobre la tierra debemos temer desgracias y cambios perjudiciales. Si el cielo estrellado se acompaña de una sensación de dulce melancolía, refleja anhelo de amor y ternura.

Estreñimiento: Refleja avaricia y voluntad de dominio.

Estudio: Verse estudiando augura nuevas posibilidades en su carrera.

Etiqueta: Pegarla sobre un paquete anuncia buenas noticias. Sobre un equipaje, viaje en perspectiva. Leerla sobre un objeto indica gastos imprevistos.

Evacuación: De una vivienda indica noticia triste. De un local de uso profesional augura cambio de situación. De una nave anuncia deudas financieras.

Evangelio: Leerlo o poseerlo indica necesidad de soledad y de reflexión. Perderlo, dificultades familiares.

Examen: Este sueño refleja la angustia del momento que estamos viviendo. Revela debilidad y falta de confianza en nuestras propias fuerzas.

Excrementos: Ver excrementos presagia algún beneficio inesperado. Manipularlos: Si se utilizan para modelar como si fuese barro, refleja afición por el arte. Si va acompañado de reacciones de sadismo o miedo indica un desarreglo de la personalidad. Realizar la defecación: Si existen dificultades para defecar refleja avaricia y voluntad de dominio. Si tenemos diarrea revela tendencia al despilfarro. Si la defecación es normal presagia beneficios económicos.

Excursión: A la montaña, augura alegría y felicidad después de un período de dificultades. Al campo, refleja calma del espíritu y serenidad del alma.

Exilio: Presagia un cambio radical y profundo en sus condiciones de existencia.

Explorador: Presagio de cambios que trastornarán su vida afectiva.

Explosión: Circunstancias imprevistas que le serán más penosas si la explosión provoca estragos.

Exposición: Visitar una exposición indica nuevas orientaciones en sus actividades. Volver de una exposición augura decepción y amargura.

Expulsión: Verse expulsado presagia desgracia y soledad.

Extraviar: Un objeto, indica que los esfuerzos serán inútiles y costosos. Estar extraviados indica que la situación actual adquiere un cariz preocupante. Ver a una persona extraviada indica que buscará apoyo en una situación difícil.

— F —

Fábrica: Si soñamos con una fábrica en plena actividad, augura que nuestro trabajo será rentable. Si la soñamos inactiva indica que nuestras posibilidades de trabajo están en peligro.

Fachada: Simboliza lo externo del soñador. Si está vieja y destartalada simboliza una anticuada condición de vida.

Factura: Preocupaciones por dinero. Apremios financieros importantes e imprevistos.

Falda: Ver Ropa.

Fallecimiento: Ver Difunto.

Falsificación: Prefigura inconvenientes muy serios contra los cuales no podrá protegerse.

Familia: En este sueño la acción sucede aquí y ahora, si no es así se trata de otro sueño, por ejemplo, si vemos parientes y personajes de nuestra infancia nos referimos a niños. Ver en sueños algún pariente anuncia sorpresas o noticias. Soñar vivos a parientes ya fallecidos, anuncia algún acontecimiento bueno o malo según sea la expresión tranquila o agitada de los mismos.

Fango: Simboliza las circunstancias impuras, disolventes y desgraciadas. Si al andar por el fango sentimos temor a mancharnos, indica temor a que se descubran nuestros secretos. Si el andar sobre el fango nos resulta muy difícil, pone al descubierto nuestra excesiva timidez.

Fantasma: Un fantasma envuelto en una sábana blanca augura salud, felicidad y bienestar. Si reconocemos en él a algún antepasado, nos advierte de un peligro cercano. Si aparece vestido de negro, debemos temer alguna traición de alguien conocido.

Farmacia: Indica que los penosos momentos que está viviendo cesarán próximamente.

Faro: Si nos encontramos en dificultades y soñamos con un faro encendido presagia que pronto finalizarán nuestros problemas. Si lo soñamos apagado indica que todavía falta bastante para que terminen nuestras dificultades.

Fatiga: Refleja que pasamos por un estado de cansancio moral, agotamiento e impotencia ante la adversidad.

Fealdad: Verse feo indica vergüenza en circunstancias de enfrentamiento con sus adversarios. Ver a otras personas feas señala que existen malas intenciones en contra suya.

Fecha: Debemos tomar nota de esta fecha pues suele tener relación con algún hecho de importancia en nuestra vida.

Feria: Momentos de grandes esperanzas y proyectos maravillosos.

Ferretería: Contará con mejores posibilidades para afrontar trastornos generados por sus adversarios.

Feto: Mal presagio. Separación o ruptura afectiva.

Fianza: Concederla indica que surgirán dificultades que no esperaba. Pedirla augura mejoría, cambio favorable.

Fiebre: Puede tratarse de un exceso de calor en la cama. En caso de no ser así, indica que estamos atravesando una situación anormal física, moral o profesional. Seamos prudentes.

Fieras: Advierte peligro próximo.

Fiesta: Si asistimos a una fiesta anuncia problemas y a veces el inicio de una época difícil.

Fila: Hacer cola significa demora en la evolución de sus proyectos.

Finca: Revela deseos de seguridad o de tranquilidad para descansar y reflexionar sobre los problemas que nos urgen.

Firma: Se tomarán decisiones importantes para su beneficio.

Firmamento: Simboliza nuestras aspiraciones y deseos. Si se trata de un firmamento nocturno indica que nos encontramos en una etapa de proyectos. Si es de día, es que ha llegado el momento de la realización de estos proyectos. Si el firmamento está claro señala que los próximos días se nos presentarán tranquilos. Si está nublado se acercan preocupaciones. Muy nublado, preocupaciones serias. Tormentoso, situación crítica.

Flaco: Nos advierte sobre nuestra salud.

Flagelación: Soñar que nos flagelamos advierte que en nosotros existe algo perjudicial que es necesario averiguar para ponerle remedio. Soñar con la flagelación de otra persona indica lo mismo, pero en la otra persona.

Flan: Indica que somos dóciles y flexibles.

Flauta: Disputas, decepciones y tristeza.

Flecha: Revela que nuestras ambiciones son muchas y tenemos la seguridad de alcanzarlas. Si somos heridos presagia penas y dolores sentimentales.

Flores: Las flores son el símbolo de lo fugaz y transitorio. Si vemos flores expresa nuestra necesidad de encontrar otra alma que colme nuestras necesidades afectivas. Si recogemos flores indica que una relación sentimental será intensa y correspondida. Si las recibimos de otra persona, son una garantía de amor de quien nos las entrega. Si únicamente las olemos, nos revela que hemos dejado pasar una buena oportunidad. Si las vemos marchitar indica que una relación amorosa llega a su fin que está colmada de desilusiones y desengaños. Las flores anaranjadas y amarillas reflejan vida y energía creadora. Las rojas, la pasión y los sentimientos ardientes. Las azules la irrealidad soñadora.

Foca: Simboliza la virginidad debida al temor, a la capacidad de entregarse y a la falta de verdadero amor.

Follaje: Ver Bosque.

Forro: Ponerlo en su ropa indica desahogo financiero. Quitarlo, privaciones y disputas. Sobre un libro, revela que la realidad no estará de acuerdo con sus apreciaciones.

Fortaleza: Simboliza el refugio interior, el castillo del alma. Representa seguridad, protección y resolución de problemas. Ver una fortaleza significa que pronto hallaremos la solución a un problema. Si entramos en la fortaleza, pronto adquiriremos seguridad en nosotros mismos y en nuestras posibilidades.

Fortuna: Suele tratarse de una huida de nuestra mediocridad o pobreza en la vida real. También puede significar que no nos resignamos y el sueño nos motiva a luchar por conseguir esa Fortuna.

Fotografía: Contemplar con nostalgia viejas fotografías revela que nos estamos anclando al pasado. Si estamos fotografiando a una persona indica que ésta tiene para nosotros un interés particular. Si contemplamos nuestra fotografía, revela cómo somos o cómo desearíamos ser.

Fracasar: Se impone una nueva definición de su planes.

Fractura: Ver Romper.

Frambuesas: Indica placeres y alegrías afectivas.

Frasco: Soñar con un frasco lleno de un líquido claro y transparente indica alegría. Si el líquido es turbio, incidentes desagradables. Vacío, pesares. Roto, discusiones.

Fraude: Sufrirá perjuicios financieros.

Freír: Una relación amistosa sincera se interrumpirá por cansancio.

Frenar: Indica cierta desconfianza respecto a circunstancias que no domina.

Frente: Simboliza el carácter y el valor. Ver a alguien con una frente distinta de la que tiene en realidad refleja su verdadero carácter. Si soñamos con una frente elevada, se trata de una persona seria, inteligente y en quien podemos confiar. Si es huidiza, se trata de una persona pérfida que intentará despojarnos. Si está cubierta de manchas es que tratará de traicionarnos vergonzosamente.

Fresas: Este sueño revela que las mujeres juegan un gran papel en nuestro destino. Gracias a una mujer obtendremos amor, amistad y beneficios.

Frío: Soñar que hace frío cuando en realidad no lo hace presagia longevidad, anhelos de soledad y elevación. Si este sueño lo tenemos en invierno pronostica un buen año. Si lo soñamos en otra estación del año debemos temer una desgracia.

Frontera: Simboliza la separación entre dos mundos, entre dos etapas de una vida. Presagia que nos acercamos a un punto crucial de nuestra vida en el que cambiará la orientación de nuestros deseos y ambiciones.

Fruta: Revela la existencia de un deseo sensual, económico o espiritual. Son un signo de abundancia, prosperidad y placer. Soñar con fruta en su punto para ser comida, significa que disfrutaremos de buena salud, buenos beneficios y abundantes placeres sin haber tenido que realizar esfuerzo alguno. Si la fruta es ácida o verde, es que todavía no estamos preparados para disfrutar de todos estos beneficios. Si tiene gusanos o está podrida, los placeres se alcanzarán cuando ya no podamos disfrutarlos. Si este sueño lo tenemos en la época del año en que esta fruta está mejor, los beneficios serán máximos. Si lo tenemos en otra época del año podremos sufrir escándalo, rupturas, enfermedades y problemas.

Fuego: Simboliza el espíritu y lo espiritual. La llama simboliza el intelecto. La llama sin humo que sube recta hacia el cielo simboliza el intelecto al servicio del espíritu. La llama vacilante simboliza el intelecto que se olvida del espíritu. El fuego humeante y devorador simboliza la pasión exaltada. Un fuego pequeño o moderado representa el deseo y la ternura. Si el fuego es demasiado fuerte y vivo indica peligro de disputas, pasiones y cóleras. Si el fuego quema mal y produce mucho humo anuncia traiciones. Sentirnos amenazados por las llamas denota miedo a afrontar una empresa. Avanzar impunemente entre las llamas refleja la firme decisión de superar todos los obstáculos.

Fuente: Simboliza la fuerza vital del hombre y de todos los seres. Los sueños en los que aparece una fuente, ponen de relieve nuestras esperanzas de regeneración, de purificación y de iniciación en los misterios de la vida. Si la fuente soñada está seca es que todas las esperanzas son vanas. Si se nos impide beber de ella es que todavía debemos esperar algún tiempo antes de que se conviertan en realidad. Si podemos beber de la fuente y su agua es clara y fresca es que todas nuestras necesidades serán satisfechas. Si el agua mana turbia amenaza ruina moral o material. Si la fuente mana en nuestro jardín es el mejor símbolo de prosperidad en todos los sentidos.

Fuerza: Este sueño es una advertencia para que no abuse de sus fuerzas con sus rivales u opositores.

Fugitivo: Sus adversarios son dominantes y vengativos. Cuídese de ellos.

Fumar: Verse fumando en sueños anuncia momentos de olvido y distensión. Ver fumar a otra persona indica que la dominación de sus adversarios no le permitirá la menor negligencia en la gestión de sus negocios.

Funerales: Hablaremos del funeral como el oficio religioso que acompaña al entierro, por lo tanto, estamos hablando del alma del difunto. Si el funeral es por alguien conocido, anuncia el matrimonio de esta persona. Si es por un niño, anuncia su bautizo. Si no sabemos por quién se oficia el funeral o si se trata de un pariente muy íntimo, significa que queremos eliminar situaciones y problemas personales o complejos de culpabilidad.

Fusil: Indica que existe un complot contra el soñador.

Fusilar: Si aparecemos como víctimas indica que existe un grave complejo de culpabilidad. Si somos el verdugo denota que no queremos que nos dominen.

— G —

Gabán: Ver Capa.

Gabinete: Aconseja que dedique más tiempo a sus empresas comerciales.

Gacela: Simboliza a la mujer y en pocos casos al alma. Soñar con una gacela equivale a ver a una mujer exótica y hermosa. Si soñamos que queremos cazar la gacela, significa que intentaremos seducirla. Si conseguimos atraparla indica que conseguiremos seducir a la mujer. Tirar piedras a una gacela indica que pegaremos a nuestra mujer o la abandonaremos por otra. Si la gacela nos ataca es que nuestra mujer se revelará contra nuestro dominio.

Gafas: Si en la vida real no usamos gafas y nos vemos con ellas en sueños, indica que nuestra visión de las cosas se halla deformada. Si las gafas no son incoloras, el color nos indicará algo más sobre esta visión. Perder las gafas nos advierte sobre nuestra falta de atención hacia los demás. Verlas, indica que nuestras palabras serán mal interpretadas. Romperlas, augura un perjuicio generalmente económico.

Gaita: Mala suerte en el amor.

Galería: De cuadros indica que sus proyectos resultarán inaccesibles. Galería comercial, logros gracias a sus ideas.

Galgo: Rapidez de decisión y de acción inconstancia de sentimientos.

Galleta: Privaciones y apremios.

Gallina: Si las soñamos en grupo o en su corral significa comadreos, murmuraciones y chismes. Si está poniendo huevos anuncia beneficios. Si está empollando huevos y son de color blanco pronostica múltiples beneficios aunque pequeños. Si es negra anuncia pequeños problemas.

Gallo: Simboliza vigilancia, resurrección, coraje, violencia y deseo desmesurado. Soñar con un gallo anuncia buenas noticias. Oírle cantar presagia la realización de nuestros deseos. Si nos ataca o lo vemos pelear presagia disputas domésticas debidas a los celos.

Galopar: Ver Cabalgar.

Ganado: Anuncia riquezas. Cuanto mayor sea el rebaño y más gordos y lustrosos los animales, mayor será la riqueza.

Ganancia: En los negocios augura actividades fructíferas y beneficiosos. En el juego, pérdidas de dinero, inquietud y trastornos.

Ganso: El ganso en sueños simboliza la tontería y la estupidez.

Garabato: Indecisión y complejidad de espíritu.

Garaje: Usarlo, significa que está pasando por una situación de intervalo entre dos modos de vida. Salir de él anuncia mejores perspectivas. Entrar en él y extraviarse señala un período de reflexión.

Garganta: Puede tratarse del reflejo de una dolencia. De no ser así, soñar que perdemos la voz presagia el peligro de perder dinero. Si no podemos tragar o se nos hace muy difícil, indica la dificultad de disponer de nuestros bienes. Si nos extirpan las amígdalas, augura que desaparecerán las dificultades económicas.

Garita: Cualquier imprudencia será nefasta para su reputación.

Garra: Serias amenazas para la continuidad de sus negocios, las cuales se verán agravadas si se perciben heridas.

Garrafa: Anuncia prosperidad y cuanto más vino contenga, mayor abundancia, éxito y prosperidad. Si contiene agua, alcohol, petróleo o aceite, fracasaremos por ser demasiado ambiciosos.

Garrote: Anuncia relaciones especialmente difíciles con algunas personas de su entorno.

Garza: Alguna de las personas que le rodean le va a traicionar y le colocarán en una situación delicada.

Gas: Soñar que cocinamos o nos iluminamos con gas es signo de que todo irá bien. Si el gas está apagado es que no lograremos realizar nuestros proyectos por falta de preparación. Si existe un escape o se produce una explosión, es una advertencia para que revisemos nuestros planes pues nos amenaza un desastre.

Gastos: Las diversas contrariedades le harán caer en manos de personas hostiles a sus intereses.

Gato: Simboliza a la mujer, casi siempre bajo un aspecto sensual e instintivo. Si en sueños tenemos el temor a ser arañados, revela el temor a que nuestra perversión llegue a ser conocida. Soñar que un gato nos hace arrumacos, significa que una mujer utilizará todas sus artimañas seductoras para conseguir de nosotros cuanto pueda. Si hacemos huir al gato que nos hace arrumacos indica que no logrará sus egoístas deseos. Dar de comer a un gato indica problemas y rivalidades amorosas. Si nos araña, infidelidad conyugal o peleas entre amantes. Ver a un gato o escuchar sus maullidos presagia traiciones y engaños. Si el gato es blanco, el traidor será un falso amigo. Si es negro es perfidia de mujer y toda clase de problemas amorosos.

Gavilán: El gavilán simboliza ascenso en todos los planos de la existencia: el físico, intelectual, moral y espiritual. Indica victoria y superioridad. Si en nuestros sueños vemos a un gavilán despedazando a una liebre, anuncia la victoria sobre los deseos concupiscentes. Si está volando de izquierda a derecha simboliza una idea o un proyecto de altos vuelos que puede transformar nuestra vida. Si vuela de derecha a izquierda, puede significar una regresión en nuestra situación e incluso el final de una posición elevada. Si somos personas con aspiraciones espirituales y vemos al gavilán encapuchado en nuestros sueños, simboliza el ansiado deseo de recibir la luz de la iluminación.

Gaviota: Ver volar a una gaviota revela el deseo de huir de las preocupaciones.

Gelatina: Refleja una apariencia irreal y engañosa.

Gente: Si nos hallamos imposibilitados de movernos entre la gente, revela nuestra incapacidad de dominar los acontecimientos, debilidad de carácter y gran timidez. Si es otra persona la que se encuentra en esta situación y no podemos acercarnos a ella, el sueño denota nuestro deseo de conquistar su afecto, amistad y el temor de no lograrlo. Ver una multitud sin mezclarnos con ella anuncia alguna desgracia o malas noticias, en especial si visten de negro. A veces se trata de un cambio social, político o económico de carácter general.

Geranio: Anuncia sostén afectivo, comprensión, armonía conyugal, ternura y amor.

Germinar: Ver germinar una planta es el más claro indicio que un proyecto o deseo no tardará en empezar a convertirse en realidad.

Gesticular: Indica que usted practicará astucia y picardía con mucho encanto y seducción.

Gigante: Representa todo lo que debemos vencer para liberarnos y expandir nuestra personalidad.

Gimnasia: En sueños, las facultades que proporciona la gimnasia la aplicaremos a la personalidad, es decir, al cuerpo, al espíritu, a la mente y a las emociones. Soñar que practicamos gimnasia augura larga vida, sana y agradable siempre que mantengamos en forma nuestro cuerpo, mente y espíritu. Si soñamos con un gimnasio es una invitación en el mismo sentido.

Gitanos: Si son furtivos y amenazadores revela nuestro temor a ser engañados o robados. Si es una caravana gitana simboliza una actitud inquieta y deseo de evasión. Si una gitana nos dice la buenaventura, revela que no estamos satisfechos con nuestra situación actual. Soñar que un violinista cíngaro nos deleita los oídos con sus melodías, significa que somos demasiado románticos e inclinados a huir de la realidad.

Glaciar: No muy buenas perspectivas. Situación comprometida.

Gladiador: Su éxito dependerá del resultado de la lucha.

Globo: El globo simboliza la totalidad. Los sueños en los que aparece un globo terrestre, pueden revelar el ansia de poder y dominio o anunciar un largo viaje. El globo aerostático y el de juguete revelan la inconstancia, versatilidad de nuestros pensamientos y deseos que son causa principal de nuestros fracasos y frustraciones. Podemos incluir como globo, la bola de cristal de las pitonisas. En este sueño se revela el deseo de recibir noticias o la visita de la persona a quien añoramos.

Gnomo: Revela la fragilidad de un amor versátil.

Gobierno: Presagia decepciones en un negocio que le interesaba particularmente.

Goleador: Si el puntapié que se da a la pelota es enérgico y alcanza la meta es buen augurio. Si no golpea la pelota, mal augurio.

Golf: Tendrá que frecuentar a gente fastidiosa.

Golfo: Si soñamos con el golfo como accidente geográfico anuncia alegría por un merecido éxito. Es de gran importancia la belleza del paisaje, el agua y la ribera. Todo esto nos ayudará a definir mejor el sueño.

Golondrina: Simboliza la pureza. Soñar con golondrinas es un excelente presagio de paz y felicidad aunque con leve añoranza y melancolía. Si anidan en nuestra casa, el presagio es aún mejor y extensivo a todos los miembros de la casa. Ver llegar a una golondrina presagia noticias de seres queridos. Verla partir indica la marcha de un miembro de la familia.

Golosinas: Si las comemos significa que tenemos vivencias sentimentales agradables y positivas. Si el sueño nos informa del precio o robamos las golosinas, revela un exceso de sentimentalismo.

Golpes: Si los damos o recibimos representan problemas y penas pasajeras. Si los recibimos sin saber de dónde provienen, tras los problemas nos llegará la prosperidad. Si ganamos, triunfaremos en las dificultades que nos esperan. Si perdemos, fracasaremos. Si golpeamos algo sólido pronostica querellas y conflictos.

Góndola: Indica el fin de una etapa y el inicio de otra nueva. De lo que ocurra en el viaje se deducirá cuál es el mensaje del sueño. Indica un cambio en nuestra vida, pero no lo hacemos solos, sino rodeados de todos los que conocemos.

Gordura, engordar: Presagia un incremento de bienes y salud.

Gorila: Las luchas que tenemos en sueños contra los gorilas son un reflejo de la lucha interna necesaria para dominar los instintos primitivos, especialmente los sexuales.

Gorrión: Puede ser una advertencia contra nuestra inconsciencia y futilidad. También puede tratarse de una advertencia contra personas inconscientes, que intentarán beneficiarse de nosotros sin preocuparse si nos perjudican o molestan.

Gorro: El personaje que aparece con gorro intenta ocultar sus intenciones o personalidad a los demás o a nosotros mismos.

Goteras: Cuando en sueños el agua fluye por donde no debe, indica que existen emociones mal controladas o problemas con connotaciones sentimentales.

Granada: Simboliza la fecundidad. Revela sensualidad y placer. Soñar con una granada y más si está abierta, equivale a que aparecerá alguien en nuestra vida que colmará nuestros deseos concupiscentes.

Granero: El cereal se considera un bien inapreciable. Significa riqueza y feliz culminación del trabajo. La riqueza será proporcional a la cantidad de cereal soñado, del mismo modo lo que le ocurra al cereal, en bien o en mal, será lo que le ocurra a nuestra riqueza.

Granito: Ver de forma destacada granito, ya sea en forma de objetos o construcciones, representa que debemos mostrarnos firmes y resolutos ante los demás para que nos tomen en serio, pues a veces tenemos la sensación de que nuestros criterios no son lo suficientemente valorados. Sus sentimientos y todas sus decisiones tendrán la firmeza necesaria para la materialización de sus esperanzas.

Granizo: Anuncia pérdidas y calamidades, que serán proporcionales a los destrozos que ocasione.

Granja: Soñar que vivimos en una granja es un reflejo de nuestros negocios. Si sólo estamos de visita en la granja, nos advierte para que revisemos la administración de nuestros bienes.

Grasa: Éxito y prosperidad, sobre todo si nos la vierten sobre la cabeza. Si se rompe un recipiente lleno de grasa indica desgracia.

Gratis: Desconfíe de las afirmaciones de sus oponentes.

Grieta: Anuncia pérdidas de toda clase, cuya gravedad dependerá de su amplitud.

Grillo: Si oímos cantar a grillos en el sueño, augurarán felicidad doméstica, paz y tranquilidad.

Gris: Revela miedo, angustia, abatimiento, inercia, indiferencia y dolor. Todos aquellos sueños que vemos envueltos en una niebla grisácea, pertenecen a las capas profundas del inconsciente y revelan todo aquello que se resiste a salir a la luz y que son nuestros temores y angustias.

Gritar: Oír gritar en sueños nos advierte de algún peligro. Si son gritos débiles y distantes existe la posibilidad que nos calumnien. Si son fuertes y cercanos, las calumnias serán graves. Si queremos gritar y no podemos, el peligro es grave, personal y próximo.

Grúa: Recibirá apoyos importantes para la evolución de sus proyectos.

Grulla: Simbolizan la máxima longevidad y pureza. Si las vemos volar en pareja, anuncian aumento en la familia o matrimonio. Si vuela sola hacia nosotros nos advierte contra los ladrones.

Gruñir: Sus adversarios se preparan para cometer malas acciones contra usted.

Gruta: Todas las grutas tienen un sentido adivinatorio o terapéutico. También ver Cueva.

Guantes: Soñar que nos vemos con guantes nuevos augura alegría y felicidad. Si están en mal estado o rotos anuncian contrariedades. Si se nos caen al suelo, querellas y discusiones. Si los perdemos indica que hemos dejado pasar una oportunidad de ser felices. Si los llevamos puestos cuando no debemos revela preocupación por ocultar defectos físicos o morales. Si tenemos que realizar un trabajo delicado con guantes pesados, denota la existencia de complejos de inferioridad. El color nos puede dar la clave de nuestros complejos para poder superarlos.

Guardaropa: Si está desordenado deberemos reordenar y actualizar nuestros conocimientos. Vacío, indica que no estamos capacitados para una situación por falta de conocimiento. Si lo soñamos lleno, ordenado y su contenido es de mala calidad, debemos actualizar nuestros conocimientos. Si las telas son de buena calidad y si todo es ropa blanca, sufriremos alguna enfermedad o herida. Si está lleno de ropa de color anuncia que conseguiremos riqueza y bienestar gracias a nuestros conocimientos.

Guardia: Ver Policía.

Guerra: Ver Pelea.

Guía: Si en sueños nos vemos conducidos por un guía que nos ayuda a superar obstáculos, es que en nuestro interior existe algo que nos impulsa a escalar nuevas metas, elevándonos a un dominio superior sobre nuestros instintos.

Guillotina: Ver Fusilar.

Guirnalda: Simboliza lo efímero, la corta duración de lo que simbolice el sueño.

Guisantes: Si los soñamos verdes y todavía en sus vainas, suelen presagiar un próximo matrimonio. Si están desgranados nos anuncian beneficios. Si los guisantes están secos presagia una herencia. Si están cocidos anuncia aflicción y pesares. Si los comemos, enfermedad.

Guisar: Si en sueños guisamos alimentos anuncia buena salud y ventajas financieras.

Guitarra: Tocar la guitarra en sueños es la forma más segura de ganar el amor de la persona a quien deseamos.

Gula: Le advierte para que sea prudente en la gestión de sus negocios.

Gusano: Simboliza la transición o elevación desde un estado inferior a otro superior. Si es un gusano que se transforma en mariposa, siempre presagia satisfacciones, cambios favorables y elevación. Si el gusano aparece en alguna cosa corrupta indica corrupción oculta.

— H —

Habas: Soñar con habas es el mejor presagio que pueden tener quienes anhelan tener un hijo, pues les garantiza la próxima llegada.

Habitación: Si dentro de la habitación el ambiente es agradable y acogedor simboliza la aspiración y el anhelo de bienestar y seguridad. Si es un dormitorio, buen entendimiento familiar y con la pareja. Si el ambiente es desagradable y opresivo refleja los temores y frustraciones de un pasado desgraciado. Si hay humedad, temor de volver a ser desgraciado en el futuro. Si la habitación no tiene puertas ni ventanas, simboliza incomunicación, temor y falta de voluntad.

Hablar: Si en sueños hablamos un idioma extranjero, nos invita a estudiar o ampliar nuestro conocimiento de idiomas en la vida real. Si oímos hablar sin entender lo que se dice, el sueño refleja el temor a las calumnias y habladurías.

Hacha: Simboliza el poder y la fuerza. Significa autoridad y poder para cortar por lo sano cualquier problema con nobleza y con justicia, pero sin vacilaciones.

Hada: Simboliza los poderes paranormales del espíritu y la imaginación. Este sueño promete la realización de un deseo que se creía irrealizable.

Halcón: Ver Águila.

Hamaca: Simbolizan indolencia y pasividad.

Hambre: Muchas veces refleja el hambre real. Si no es así, revela que en el pasado hemos sufrido penurias económicas y refleja el temor a que esto vuelva a suceder. Si en el sueño satisfacemos el hambre, indica que nuestros temores son infundados y que se avecina una época afortunada. Si este sueño se repite muy a menudo y nunca se satisface el hambre, puede revelar la existencia de otra hambre de características sexuales.

Hámster: Indica que usted prefiere la soledad a las reuniones.

Harapos: Si los sentimientos que acompañan este sueño son negativos, simboliza angustia e incertidumbre por el futuro de los pobres de espíritu. Si los sentimientos son positivos o indiferentes, los harapos son una forma de demostrar la superioridad del "yo profundo" sobre el "yo superficial". Cuando el espíritu es fuerte no importan las apariencias.

Harén: Para un hombre soñar con un harén presagia que se presentarán circunstancias externas que le desviarán de sus verdaderos objetivos. Para una mujer puede indicar el deseo de una posición económicamente más elevada. Algunas veces este sueño delata celos o inclinaciones sexuales no muy bien definidas.

Harina: Es una garantía de que no nos faltará lo más indispensable. A mayor cantidad soñada, mayor nivel de vida.

Hechicero: Estos sueños son una manifestación irracional de nuestros deseos incumplidos.

Helada: Casi siempre revela la existencia de alguna enfermedad.

Hélice: Cuanto más rápida gire la hélice, más rápidamente avanzaremos en la vida.

Hemorragia: Presagia enfermedad y pérdida de fuerza vital.

Heno: Símbolo de riqueza y éxito material conseguidos gracias al trabajo perseverante. Verlo en cantidad y bien almacenado augura éxito. Si se encuentra esparcido y desordenado indica que no sabemos cuidar nuestros bienes.

Herencia: Sólo la totalidad del sueño y las circunstancias del soñador nos explicarán de qué consiste la herencia.

Herida: El temor que tenemos a la enfermedad y a los accidentes a veces se manifiestan como heridas. Casi siempre se trata de heridas a nuestra dignidad y orgullo.

Hermanos: Ver a nuestros hermanos en sueños es un reflejo de nosotros mismos. En estos sueños es a nuestros hermanos a quienes les adjudicamos nuestros temores, deseos y tendencias negativas en general, pero se trata de nosotros mismos.

Herradura: Encontrarla indica suerte y protección. Perderla, preocupaciones de dinero y bienes materiales. Herrar un caballo, proyectos sólidos y beneficiosos.

Herramientas: Indica nuestro deseo de dedicarnos a nuestras aficiones o de completar algún trabajo que tenemos en curso.

Herrero: Simboliza la acción espiritual de las energías creadoras que forman nuestra propia vida y destino. Se trata de un sueño de victoria y de lucha contra nuestros defectos y limitaciones.

Hervir: Hervir alimentos en sueños anuncia buena salud y ventajas financieras.

Hidroavión: Revela nuestro deseo de alcanzar un nivel superior.

Hielo: Significa mayor espiritualidad. Pérdida de emotividad y vitalidad. A veces revela la existencia de alguna enfermedad.

Hiena: Representa las bajas pasiones y la cobardía. Simboliza el temor a traiciones y maniobras subterráneas. Si en el sueño vencemos a la hiena o la hacemos huir, es que saldremos sin daño de todas estas traiciones.

Hierba: Si estamos tendidos sobre la hierba disfrutando, nos advierte que estamos malgastando nuestra vida en costumbres antinaturales. Es una promesa de esperanza y libertad. Si la hierba está seca es el sueño de los vencidos, de los resignados y de los que han renunciado a llevar una vida natural y sencilla. Si notamos que estamos tendidos sobre hierbas medicinales, significa esperanza de una vida libre y natural unida al conocimiento y a la sabiduría.

Hierro: Simboliza la fortaleza, la dureza, la inflexibilidad y el rigor excesivo. También la fuerza sombría, impura y maléfica. Significa que todo el poder ha sido obtenido mediante la fuerza.

Hígado: Lo que le suceda al hígado en sueños, refleja lo que le sucede al coraje o a la riqueza del soñador.

Higos, higuera: La higuera y el higo simbolizan abundancia y fertilidad, salvo si la higuera está seca el cual es símbolo de pobreza y esterilidad. Soñar con higos en su punto, significa que disfrutaremos de buena salud, buenos beneficios y abundantes placeres sin haber tenido que realizar esfuerzo alguno. Si los higos no están maduros es que todavía no estamos preparados para disfrutar de todos estos beneficios. Si tienen gusanos o están podridos, los placeres se alcanzarán cuando ya no podamos disfrutarlos. Si este sueño lo tenemos en la época del año en que los higos están mejor, los beneficios serán máximos. Si lo tenemos en otra época del año, podremos sufrir escándalo, rupturas, enfermedades y problemas.

Hijos: Ver a nuestros hijos en sueños revela nuestra preocupación por ellos.

Hilo: El hilo simboliza todo aquello que liga entre sí a todos los estados de la existencia. Cuanto se haga en sueños con los hilos, equivale a hacerlo con algún problema o asunto complicado. Los hilos de metales nobles anuncian éxitos gracias a la sutileza y diplomacia.

Hipnosis: Hipnotizar a una persona indica que su influencia será muy fuerte sobre quienes le rodean. Ser hipnotizado augura que tendrá que someterse por falta de poder.

Hipo: Tener hipo anuncia diversas contrariedades con los amigos y en los negocios.

Hipocresía: Este sueño advierte del peligro de engaños.

Hipopótamo: Simboliza la fuerza bruta, los impulsos y vicios que no podemos dominar.

Hipoteca: Soñar que hipotecamos algo denota una mala administración de los bienes. Hipotecar los bienes de otra persona indica gran ambición y deseos de prosperidad.

Hogar: Este sueño es una llamada a la unión familiar, a la vuelta a las costumbres, sentimientos tradicionales y a una mayor comunicación entre todos los miembros de la familia.

Hoguera: Si entendemos este sueño como un fuego purificador que quema lo que no sirve, podemos interpretarlo de la siguiente manera: que limpiamos nuestra mente y sentimientos para la renovación e incremento de posibilidades.

Hojas: Si están verdes anuncia prosperidad. Si están secas y se caen indica enfermedad y problemas.

Hombre: Si el hombre es joven refleja envidias, rivalidades y problemas. Si es maduro, revela protecciones a veces providenciales e inesperadas. Esta protección será mayor cuanto mayor sea el hombre soñado.

Hombros: Simbolizan la potencia y la capacidad de realización. Si nos vemos con los hombros anchos y fuertes presagia salud, éxito y seguridad en nosotros mismos. Si los tenemos estrechos y débiles, peligra nuestra salud, la confianza en nosotros mismos y nuestras posibilidades de éxito.

Homicidio: Cuando sentimos pesar al matar en sueños, en realidad lo que matamos es alguna faceta que no nos gusta de esta persona o de nosotros mismos. Si el sentimiento es negativo se trata de un sentimiento de inferioridad o culpabilidad.

Honda: Soñar con una honda equivale a reconocer nuestra impotencia frente al destino y el deseo de tomarnos la revancha.

Honores: Nos advierte para que seamos prudentes con los aduladores.

Hora: Ver Reloj.

Horca: Ver Fusilar.

Hormigas: Simbolizan el trabajo organizado y previsor. Si las hormigas invaden nuestra casa anuncia multitud de pequeñas molestias. Si nos invaden el cuerpo presagia un accidente o una enfermedad.

Horóscopo: Soñar que consultamos el horóscopo presagia angustias. Si somos nosotros los que predecimos la suerte a otras personas indica que éstas nos serán de utilidad.

Hospicio, hospital: Puede reflejar temor a la enfermedad. A veces pronostica dificultades debidas a la maldad de los demás. Si visitamos un hospicio o un hospital, nos advierte que debemos apartarnos cuanto antes de un negocio en el que nos hemos dejado envolver.

Hostia: Serenidad del alma y paz del corazón.

Hotel: Si soñamos que vivimos en un hotel revela el deseo de una vida más lujosa y brillante. Si nos vemos como administradores, refleja el deseo de tener poder sobre los demás o de manejarles. Soñarnos extraviados dentro de un hotel indica que en la vida real nos sentimos atemorizados ante circunstancias nuevas de la vida.

Hoyo: Indica peligro para su reputación. Si desde el borde quiere examinar el fondo, su situación mejorará. Si cae al fondo tendrá grandes dificultades.

Hoz: Es el símbolo de la decisión tajante, de la muerte y de la cosecha. Casi siempre augura muerte.

Huelga: Estancamiento de sus negocios. Problemas en ciertos proyectos.

Huellas: Es un presagio funesto pues indica que quien dejó las huellas ya no está presente. Alguien desaparecerá de nuestra vida de una forma temporal o definitiva.

Huérfano: Dificultades con los demás le llevarán al aislamiento y la soledad.

Huerto: Siempre es un presagio de riqueza y bienestar.

Huesos: Ver Esqueleto.

Huevos: Si los huevos están enteros simboliza la fecundidad, las esperanzas matrimoniales, la riqueza y la prosperidad. Si están rotos revelan el temor a que no lleguen a realizarse nuestras esperanzas, miedo a la esterilidad, a la pérdida de un embarazo, al fracaso sexual y a una paternidad no deseada.

Huir: De un peligro indica suerte. La clase de peligro de la que huimos nos indicará aquello de lo que realmente nos libramos.

Humillación: La actitud de sus parientes hacia usted puede ser equívoca.

Humo: El simbolismo espiritual únicamente se revela cuando el humo es blanco y se eleva directo al cielo. El simbolismo material es el más frecuente y revela un estado de confusión mental que impide resolver los problemas en que nos hallamos envueltos, o anuncia la existencia de enemigos ocultos.

Hundir: Ver algo hundido es un buen augurio. Anuncia una herencia o el ascenso en el trabajo. Hundirse indica contrariedades en cualquier ámbito, salvo que estemos agotados en la vida real, que entonces indica que necesitamos unas vacaciones.

Huracán: Simboliza una gran prueba que hay que afrontar y de cuyo resultado saldremos robustecidos o desarbolados. Si el sueño va acompañado de emociones positivas o termina bien, se tratará de una prueba que superaremos y de la que saldremos anímicamente más fuertes. Si las emociones son negativas o el sueño termina mal, refleja el temor ante acontecimientos que nos vemos incapaces de superar y que pueden acarrearnos pérdidas de bienes, de amistades e incluso algún accidente.

Hurtar: Si nos roban, lo que nos quitan es el orden y la paz interna. Cuando el ladrón somos nosotros, se trata de un consuelo que nos damos por algo que en la realidad no podemos conseguir.

— I —

Iceberg: Anuncia problemas de trabajo o financieros.

Ídolo: El papel del ídolo es el de resaltar la afinidad o atracción del soñador hacia lo soñado, aunque si esto se sueña con demasiada frecuencia revela timidez o complejos de inferioridad.

Iglesia: Augura la realización de esperanzas o deseos. Si la vemos en la lejanía y no nos acercamos a ella anuncia desilusiones. Si nos encontramos en la iglesia hablando con otras personas sin prestar atención a lo que allí sucede, nos advierte que nuestra actitud ante la vida es descuidada e imprudente.

Iguana: Anuncia temores en la realización de sus proyectos.

Iluminación: Ver Luz.

Imagen: Ver Espejo.

Imán: Se hallará bajo la influencia de personas de las que deberá desconfiar.

Imprenta: Buenas noticias en relación con lo que escribimos.

Impuestos: Anuncia problemas con las autoridades legales.

Inauguración: Anuncia nuevas actividades, proyectos diferentes, relaciones afectivas renovadas y mayor alegría de vivir.

Incendio: Cuando soñamos que nos encontramos en un incendio tan real que nos hace despertar jadeantes y verdaderamente impresionados, se trata de un presentimiento de peligro. Soñar con fuego simboliza pasiones violentas que finalizan causando pérdidas y conflictos. Puede tratarse de problemas de incomunicación e incluso de instintos de destrucción.

Incesto: Sueño poco frecuente. Se da en personas muy mimadas y que desearían serlo más. En este sueño manifiestan su resentimiento. También puede tratarse del famoso complejo de Edipo.

Incienso: Además de amor a Dios simboliza toda clase de amores puros y delicados.

Indigestión: Le advierte que sea prudente en sus negocios.

Industria: Verse dirigiendo una empresa anuncia un período de éxito y prosperidad en sus actividades. Ver una empresa abandonada anuncia el declive de sus negocios.

Infección: Ver Enfermedad.

Infidelidad: Infieles a nuestra pareja: revela nuestra insatisfacción por algún rasgo de su carácter o comportamiento.

Infierno: Simboliza el mundo subterráneo del inconsciente arcaico y colectivo. Soñar con el infierno refleja el temor al resultado de la lucha entre nuestro impulso evolutivo y los instintos primarios. Bajar a los infiernos y conseguir salir presagia larga vida, conocimientos y una energía de la que carece el hombre normal.

Inflar: Indica que trataremos de utilizar lo mejor de nosotros para cumplir nuestras aspiraciones.

Infracción: Ciertas irregularidades en sus decisiones serán desaprobadas por quienes le rodean.

Ingratitud: Se sentirá incomprendido y subestimado.

Injusticia: Ver Juez.

Inmigración: Presagia un cambio radical y profundo en sus condiciones de existencia.

Inmovilidad: Cuando en sueños deseamos movernos y no podemos, se oculta un complejo de inferioridad y temor a no saber comportarnos adecuadamente. Cuando no deseamos movernos sino que simplemente existe una pasividad, refleja un estado de agotamiento físico o nervioso y la necesidad de un descanso.

Inmueble: Ver Edificio.

Insectos: Revela que en la vida real estamos acumulando resentimiento, temor y desprecio contra los demás. Cuando vemos nuestra casa invadida por insectos revela nuestro temor a los juicios y murmuraciones de los demás. Si nos atacan, refleja la existencia de personas que no podemos dominar a pesar de considerarlas inferiores a nosotros. Si los insectos se agigantan y nos acorralan, son jefes temidos y despreciados a la vez. Si percibimos las molestias de los insectos sin sentimientos de rechazo, temor o repulsión, reflejan pequeñas molestias, pérdidas o preocupaciones que acompañan a una tarea que se nos ha hecho tediosa.

Inspección: Soñar que se presenta un inspector a revisar nuestro trabajo o nuestras cuentas, denota miedo a que se descubra un secreto o un punto débil de nuestra personalidad.

Insultos: Sea prudente en el modo de evitar un clima pasional del que podría ser víctima.

Interés: Es una advertencia para que seamos sensatos en el cumplimiento de nuestras actividades.

Intérprete: Indica que necesitará la ayuda de una persona para comprender lo que le ha sucedido.

Interrogatorio: Indica que sus rivales se asocian para estar informados de sus actos.

Intestinos: Simboliza dónde y cómo se origina la riqueza del soñador. El estado de los intestinos, la función intestinal y cuanto les ocurra en el sueño, debe trasladarse a la riqueza y bienes del soñador.

Inundación: El agua simboliza los sentimientos. Cuando los sentimientos se desbordan, suelen aparecer sueños de inundaciones en los que los destrozos causados son una advertencia del daño que puede causar dejarnos arrastrar por los excesos pasionales.

Inválido: Vernos imposibilitados de realizar el menor movimiento en sueños es algo que resulta angustioso y aterrador. Este sueño revela que nos hallamos sumidos en una grave indecisión. También puede tratarse de una derrota de la que creíamos poder sobreponernos pero no ha sido así.

Invención: Revela el deseo de cambiar para poder expresar su personalidad.

Invierno: En algunas ocasiones augura una temporada de vacas flacas. En otras, nos recomienda que nos paremos a meditar, a reflexionar y reorganizar ideas, fuerzas y capacidades si queremos seguir adelante.

Invisibilidad: Simbólicamente equivale a razonar que lo que para nosotros no se ve si existe es simplemente porque no queremos que exista. Cuando en sueños una persona o un objeto se vuelven invisibles es que tenemos razones para querer que desaparezcan de nuestra vida.

Invitación: Recibir una invitación revela nuestro deseo de nuevas relaciones, de nuevas amistades y ambiciones. Igualmente ocurre cuando somos nosotros quienes invitamos a alguien. Este sueño a la vez nos advierte para que seamos prudentes.

Inyección: Una serie de problemas diversos afectarán su salud física y moral.

Isla: La isla simboliza el refugio, la seguridad y la libertad. Si nuestra isla es siniestra y deshabitada refleja la desesperación e impotencia de nuestra timidez. Si nos refugiamos en una isla huyendo de nuestros enemigos, refleja el deseo de escapar de nuestras condiciones actuales. Si en la isla hay mucha gente es que en la vida real nos sentimos solos y la huida es para buscar nuevas amistades y compañías.

— J —

Jabalí: El jabalí simboliza el valor y el coraje irracional que incluso puede conducir al suicidio. Siempre representa a un peligroso enemigo al que hay que evitar.

Jabón: Soñar con jabón en cualquiera de sus usos pronostica que las cosas se aclararán.

Jaguar: Indica temor y desconcierto.

Jamón: Crudo o poco hecho indica sufrimientos y decepción. Cocido, perspectivas de felicidad. Maloliente o podrido, fracaso y mala suerte. Comerlo, será menospreciado.

Jaqueca: Puede reflejar un dolor real y en caso de no ser así anuncia problemas de corta duración.

Jarabe: Ver Doctor.

Jardín: Es un símbolo de la naturaleza ordenada, sometida y domesticada por el hombre. Siempre produce la sensación de algo oculto, íntimo y personal donde se respira paz y tranquilidad. Si su conjunto es armónico es que también lo es nuestro interior. Si no corresponde con el orden y la belleza que debería, es que en nosotros lo inconsciente domina sobre lo consciente. Si es árido e inculto, también lo será nuestra personalidad. También existe otro simbolismo de jardín, que es la asimilación del jardín con la mujer.

Jarra, jarrón: Es un símbolo femenino. Si contiene algún líquido bueno como vino, aceite o agua clara presagia la obtención de cosas buenas. Si contiene líquidos nocivos, el presagio será desfavorable.

Jaula: Si la jaula contiene algún pájaro es un buen presagio, por lo general de amores o amistades. Si está vacía presagia penas de amor o carencia del mismo.

Jazmín: Simboliza la lealtad y la amabilidad, especialmente si es de color blanco.

Jefe: Anuncia dificultades profesionales.

Jeroglífico: Indica que algunas noticias o hechos permanecerán extraños a su comprensión.

Jinete: Ver Cabalgar.

Jirafa: Trate de estar más cerca de la realidad y sea menos arisco/a con sus relaciones.

Jorobado: Ver a un jorobado presagia buena suerte. Si lo somos nosotros es que algún contratiempo nos obligará a hacer el ridículo.

Joyas: Las joyas de oro nos previenen contra el orgullo. Las de plata presagian beneficios. Las falsas nos previenen contra la vanidad y la presunción. Rotas, frustraciones. Deslustradas o sucias, problemas de negocios. Perderlas, problemas con nuestros bienes personales. Hallarlas, tentaciones peligrosas. Comprarlas, pérdidas de dinero. Si nos obsequian joyas es un consejo para que no prestemos ni pidamos prestado. Llevarlas puestas, maledicencia. En un nivel mucho más elevado, las joyas adquieren el significado de verdades espirituales y de símbolos de un conocimiento superior. Los sueños en los que las joyas se descubren en cavernas, simbolizan la sabiduría que existe oculta e ignorada en nuestro subconsciente.

Juego: Simboliza la lucha contra los elementos, el destino, contra uno mismo y contra los demás. Los juegos infantiles expresan el deseo de escapar de las preocupaciones y problemas de la vida real. Los juegos de sociedad anuncian superficialidad, alegría y armonía familiar. Los juegos de azar, pérdidas y decepciones. Los de habilidad y cálculo, serán buenos o malos dependiendo del resultado de los mismos. Contemplar el juego sin participar en él indica indiferencia e indolencia. Si el jugador es padre de familia, irresponsabilidad. Si hace trampas, inmoralidad y falta de adaptación a las normas sociales.

Juez: Soñar con jueces o la justicia revela ansiedad acerca de nuestra situación. Soñar con un juez refleja esperanza de que nos ayuden a superar una situación temerosa o infravalorada. Si se nos está juzgando indica que creemos hallarnos en manos del azar. No importa si el resultado del juicio es favorable o no. Si nos soñamos haciendo de juez o de jurado, revela que debemos tomar una decisión que creemos importante y no sabemos por qué lado inclinarnos.

Jungla: Ver Bosque.

Juramento: Cuando queremos que nos juren algo es que no tenemos confianza en nuestro interlocutor. Si somos nosotros los que juramos es que estamos prometiendo algo que no estamos muy seguros que cumpliremos.

Juventud: Si somos jóvenes y nos soñamos ancianos refleja lo mucho que nos queda por vivir y realizar en nuestra vida. Si somos maduros o ancianos y soñamos que somos mucho más jóvenes es que en nuestro interior así nos sentimos y todavía tenemos planes y ambiciones que realizar. El anciano que sueña que es viejo es que se siente acabado, ha perdido las ilusiones y la necesidad de seguir viviendo.

— K —

Karaoke: Verse en un Karaoke sin cantar indica deseos de desinhibirse, aunque nuestra timidez y vergüenza nos lo impide. Verse cantando, deseos de ser protagonistas y de relacionarnos con los demás.

Karate: Vernos practicando Karate cuando en la vida real no desarrollamos este deporte, indica que tememos por nuestra integridad física. Nos sentimos amenazados por algo o alguien.

Kilos: Verse con exceso de kilos, revela nuestro temor a vernos sujetos a cargas y situaciones represivas. Si estamos perdiendo kilos, tememos carecer de la autoridad suficiente y del peso específico para poder sobrellevar nuestros asuntos.

Kimono: Vencerá a sus adversarios empleando y haciendo valer sus cualidades de rectitud y coraje.

Kiosko: Soñar con un Kiosco, especialmente si es de prensa, indica que recibiremos una noticia de cierta importancia.

— L —

Laberinto: Simboliza el inconsciente, el error y el alejamiento de la realidad. Presagia o refleja disgustos y dificultades de toda clase, salvo si conseguimos salir de él, en cuyo caso indica que hallaremos una solución inesperada que nos permitirá salir con bien de un asunto complicado. También indica la capacidad de reaccionar ante lo absurdo.

Labios: Ver Boca.

Laboratorio: Diversas empresas no marchan conforme a sus esperanzas debido a su iniciativa.

Labrador: Es una advertencia que nos estamos apartando de las leyes naturales. Si está sembrando indica que debemos prepararnos para adquirir conocimientos que después serán útiles en nuestro trabajo. Si está podando es que en nosotros existe mucho de superfluo.

Labrar: Siendo la tierra fértil significa buena cosecha. Si es árida, infortunio y calamidades.

Ladrillo: Simboliza la vida sedentaria y urbana. Puede indicar el deseo de integrarnos, de afincarnos y de pasar desapercibidos. También puede reflejar que nos hallamos relacionados con el mundo de la construcción o que deseamos construir nuestra propia casa.

Ladrón: Refleja nuestro temor a perder algo o a que nos lo quiten. Si somos nosotros el ladrón, revela nuestro temor a estar usurpando los derechos de otra persona.

Lagarto: Representa las cualidades sombrías y agresivas del subconsciente. Presagia que alguien pretende despojarnos de lo que nos pertenece mediante el engaño o la fuerza. Si logramos escapar de él, podremos evitar un robo o una traición.

Lago: Ver Estanque.

Lámpara: Simboliza todo aquello que es débil, incierto, vacilante, hipotético y de corta duración.

Lana: Anuncia felicidad simple y tranquila, salvo que la estropeemos o la quememos, en cuyo caso augura pérdidas.

Langosta (insecto): Grave amenaza de ruina y desolación.

Langosta, langostino: Predicen bienestar y seguridad financiera.

Lanza: Revela que nuestras ambiciones son muchas y tenemos la seguridad de alcanzarlas. Si somos heridos presagia penas y dolores sentimentales.

Lápiz: Indica que disponemos de pocos medios para enfrentarnos con los acontecimientos que se nos presentan.

Larvas: Las dificultades que se presentan deberán ser combatidas con atención y eficacia.

Látigo: Símbolo de poder y dominio irracional. Si lo usamos, nos advierte que hemos cometido una acción arbitraria. Si recibimos latigazos es que nos veremos humillados.

Latín: Indica que poseemos secretos importantes que sólo revelaremos a unos pocos elegidos.

Laurel: Simboliza la victoria y la inmortalidad. Soñar con laurel y todavía mejor si estamos coronados con él, augura victoria o un éxito el cual será premiado con alguna distinción honorífica o académica. También augura que seremos capaces de vencer a nuestros instintos inferiores, logrando una victoria e inmortalidad más elevada.

Lavadora: Anuncia armonía conyugal y familiar.

Lavanda: Refleja un deseo de gustar y seducir con modestia y simplicidad.

Lavaplatos: Iniciativas acertadas le aseguran un cambio favorable para sus empresas.

Lavar, lavarse: Soñar con una limpieza exagerada, evidencia el afán de liberarnos de algo que puede ser desagradable o censurable. Si nos lavamos las manos o el cuerpo, revela el deseo de deshacernos de alguna culpa real o supuesta. Si lavamos ropa de cama, revela la preocupación por mantener ocultos hechos relativos a nuestra vida sexual.

Lazo: Buen augurio para la continuidad de sus actividades y el éxito de sus empresas.

Leche: Simboliza abundancia, fertilidad y conocimiento. Beber leche presagia abundancia, fecundidad y salud. Soñar con una mujer con los pechos llenos de leche, nos revela que pronto quedará embarazada si es que no lo está. Derramar leche pronostica infelicidad y pérdidas. La leche agria, problemas domésticos.

Lecho: Ver Cama.

Lechuza: Soñar con una presagia chismorreos y murmuraciones. Si la matamos indica que no lograrán perjudicarnos dichas murmuraciones. Si vemos como matan o maltratan a una lechuza, indica que somos nosotros los que hacemos comentarios sobre los demás. Oír el grito de una lechuza anuncia desgracias.

Leer: Leer en sueños revela un hallazgo, sorpresa o el deseo de conocer un pensamiento o la personalidad de otra persona. Leer una carta augura noticias. Un periódico, es que estamos esperando la favorable conclusión de un negocio o empresa. Si se trata de un libro conocido, su argumento o alguna circunstancia nos darán la pista sobre lo que se quiere conocer.

Legumbres: Suelen presagiar pequeños problemas, contrariedades y problemas familiares relacionados con nuestra vida privada.

Lengua: La lengua es como una llama, ya que posee su misma forma y movilidad. Soñarnos con la lengua larga y gruesa indica que hablamos demasiado y sin control. Que nos tiren de la lengua, afrentas e indiscreciones. Mordernos la lengua, le aconseja más prudencia en el hablar. Esforzarnos en hablar sin conseguirlo, timidez. Verse con la lengua cortada, impotencia, a veces incluso sexual. Ver lenguas de animales, chismes y murmuraciones.

Lenguas extranjeras: Soñar que nos hablan en una lengua extranjera es que sentimos inquietud y desconfianza ante quien nos habla, quien podría ser un enemigo real o potencial. También puede revelarnos falta de comunicación con quienes nos rodean, o miedo a la incomunicación, en cuyo caso tanto podemos oír que nos hablan en una lengua extranjera, como ser nosotros quienes la hablamos sin comprender lo que decimos.

León: Es símbolo del padre, del maestro, del juez y del soberano. Simboliza el éxito y triunfo máximos. El león en sueños puede representar un ser admirable o a un tirano insoportable a quien debe temerse. El sueño será bueno o malo según los sentimientos que lo acompañan y el comportamiento del león. Soñar con una familia de leones presagia alegría y unión familiar en la que cada uno de sus miembros conoce cuál es su lugar y lo asume plenamente. Soñar con un león simboliza a un protector poderoso o un temible enemigo, según sea su actitud hacia nosotros. Dominar, domesticar o vencer a un león, presagia nuestra superioridad sobre nuestros oponentes y la victoria de la posición deseada.

Leopardo: Ver Tigre.

Letrero: Indica que será informado de circunstancias o hechos de los que sufrirá las consecuencias sin poder intervenir siquiera.

Ley: Sus intereses se verán amenazados y sus iniciativas deberán contar con algún apoyo.

Liana: Ver Cordel.

Libélula: Simboliza la ligereza, la frivolidad y la inconstancia.

Libertad: Augura éxito y suerte e incluso es posible que haga una nueva amistad.

Libreta: Representa la nostalgia o el recuerdo de nuestra infancia. Si la abrimos y vemos que está en blanco indica que desearíamos borrar el pasado. Así como sea el sentimiento al tener este sueño habrá sido nuestro pasado.

Libros: Reflejan nuestra vida y destino desde un punto de vista emotivo y casi siempre como recuerdo. Soñar con un libro cerrado o enterrado en el fondo de un baúl, denota la existencia de algún secreto o etapa de nuestra vida que deseamos mantener oculta. Un libro al que le faltan páginas, nos indica que algún episodio de nuestra vida que no queríamos revelar saldrá a la luz. Los libros polvorientos sobre la mesa o tirados por el suelo revelan la existencia de proyectos inacabados. Una librería bien provista de libros revela nuestro interés por los temas culturales. Si existen estantes vacíos indica que perdemos demasiado tiempo en diversiones que interfieren nuestra formación cultural.

Licor: Indica un deseo inconsciente de mayor libertad y de romper con lo que nos impide gozar de los placeres de la vida. Si el licor es de buena calidad y sabor, las posibilidades de una experiencia dulce y agradable son mayores. Si es de mala calidad la experiencia le dejará un mal recuerdo.

Liebre: Simboliza sexualidad. Indicio de deseos sexuales. Cuidado con el gasto y la lujuria.

Limón: Nos recuerda que en la vida existen muchos momentos amargos que, sin embargo, resultan insignificantes para la salud del cuerpo, del alma y de los negocios.

Limosna: Dar limosna augura riqueza inesperada. Recibirla será causa de graves pérdidas.

Limpieza: Anuncia éxito en un destino diferente al que usted conoce.

Linchamiento: Ver Pelea.

Linterna: Simboliza todo aquello que es débil, incierto, vacilante, hipotético y de corta duración.

Lirio: Simboliza la blancura, pureza, inocencia, virginidad y lo místico. Los lirios coloreados simbolizan la tentación y la puerta del infierno.

Lisiado: Ver Inválido.

Litera: Simbolizan flojera y pasividad.

Lobo: Nos advierte contra amigos poco escrupulosos, que en realidad son enemigos solapados y contra toda clase de adversarios o traidores cautelosos de los que no podemos esperar piedad ni compasión.

Loco: Verse loco indica que vivirá períodos agitados en los que los acontecimientos le serán adversos. Ver a otras personas locas, se preparan malas acciones en su contra.

Locomotora: Revela nuestro deseo de alcanzar un nivel superior.

Lodo: Simboliza las circunstancias impuras, disolventes y desgraciadas. Si al andar por el lodo sentimos temor a mancharnos, indica temor a que se descubran nuestros secretos. Si el andar sobre el lodo nos resulta muy difícil, pone al descubierto nuestra excesiva timidez.

Loro: Seremos víctimas de murmuraciones y chismes de toda clase.

Lotería: Indica nuestro deseo de ganar dinero.

Loto: Simboliza el pasado, el presente y el futuro, porque en la misma planta se hallan todos los distintos estados: capullo, flor y semillas.

Loza: Delicadeza de sentimientos, dulzura de vivir y felicidad discreta.

Lucha: Ver Pelea.

Luciérnaga: Presagia satisfacciones y espiritualidad. También nos advierte que no humillemos a las personas por muy odiosas que sean.

Lujo: Sus recursos financieros disminuirán.

Luna: Simboliza los ciclos de la vida, la dependencia, el conocimiento indirecto, la movilidad, el crecimiento, la imaginación, el subconsciente, el psiquismo y todo aquello que es receptivo e influenciable. En sueños se relaciona con todas las cosas femeninas y fecundas, especialmente con el amor y el romanticismo.

Las fases de la luna nos indicará el grado de evolución de lo presagiado. Soñar con un paisaje iluminado por la luna indica amor y romanticismo. Si la luna es nueva nos habla de armonía o de un amor que está naciendo. Si se encuentra en cuarto creciente se trata de un amor ardiente que crece por momentos. La luna llena indica la culminación del amor. Cuarto menguante es el amor maduro que estimula los deseos de maternidad o paternidad. La luna rodeada de un halo presagia penas. Un eclipse de luna indica problemas amorosos que pueden llegar a la ruptura total.

Lupa: Aprecie en su justo valor cada uno de los detalles que forman sus proyectos futuros.

Lustrar: Anuncia éxito en un destino diferente al que usted conoce.

Luto: Estar de luto anuncia preocupaciones familiares y graves problemas difíciles de resolver. Ver a otra persona llevando luto indica separación afectiva y alejamiento de la persona amada.

Luz: La luz siempre simboliza el conocimiento, la revelación y la claridad. Si en nuestros sueños existe buena iluminación, indica confianza en nosotros mismos. Si la luz nos produce una sensación de incomodidad, indica falta de confianza en nosotros mismos y sentimientos de inferioridad. Si en medio de la oscuridad aparece una llamita o un punto de luz es que aparece una esperanza. Si de repente se enciende la luz indica que conoceremos cosas que estaban ocultas. Si se apaga es todo lo contrario.

— LL —

Llaga: Inconvenientes de salud.

Llamada: Cuando nos llaman sin poder precisar de dónde lo hacen, presagia que algún ser querido se encuentra en peligro.

Llamas: La llama simboliza el intelecto. La llama sin humo, que sube recta hacia el cielo simboliza el intelecto al servicio del espíritu. La llama vacilante simboliza el intelecto que se olvida del espíritu. Sentirnos amenazados por las llamas denota miedo a afrontar una empresa. Avanzar impunemente entre las llamas refleja la firme decisión de superar todos los obstáculos.

Llanura: Es el símbolo del espacio ilimitado, feliz, rico y sin fronteras. Presagia una mejor situación económica y felicidad.

Llave: Abrir una puerta usando una llave augura que entraremos en una situación nueva, buena o mala según sea el contexto del sueño. Poseer un gran manojo de llaves simboliza la adquisición de bienes o conocimientos proporcionales al número de llaves del manojo. Tener dificultades en hacer girar la llave en la cerradura augura que hallaremos dificultades y obstáculos en la obtención de lo que deseamos. Una llave rota o perdida auguran disgustos y problemas que impedirán la realización de los deseos. Abrir una puerta y entrar en una habitación en la que se halla una persona del sexo opuesto, anuncia matrimonio.

Llorar: Simbolizan la lluvia y la fertilidad. Llorar manteniéndonos al margen de los acontecimientos presagia una alegría inesperada. Llorar silenciosamente presagia un feliz acontecimiento. Si el llanto se acompaña de una sensación de cansancio o de alivio presagia el fin de una situación penosa.

Lluvia: Significa la purificación de los sentimientos y deseos hasta alcanzar su forma más sublime: la bondad. Soñar con una lluvia lenta y continua presagia que el beneficio será grande pero lento en llegar. Si se trata de un aguacero que nos tiene inmovilizados, es que existirán interferencias o problemas que deberán solucionarse antes de alcanzar los beneficios. Así este sueño nos indica que cuanta mayor cantidad de agua llueva, mayor será el beneficio.

— M —

Madera: Simboliza la materia prima. Soñarla en forma de ramas secas apiladas junto a una casa o en el interior presagia enfermedad o pobreza. Las mismas ramas atadas y trasladadas en hombros auguran trabajos pesados y mal remunerados. La madera cortada en tacos o en tablas son un sueño de riqueza y satisfacciones.

Madre: Simboliza la vida y la muerte. La madre es la seguridad, el abrigo, el calor y la ternura, pero también es el riesgo de opresión y de ahogo. Cuando la madre aparece en sueños, la situación del soñador es particularmente importante en bien o en mal. Soñar con nuestra madre revela estados de profunda ansiedad. Viajar con ella significa el deseo de recuperar ciertas claves de nuestra vida ancladas en la infancia. Oír que nos llama indica tristeza por su ausencia o una conciencia culpable. Pelearse con la madre implica la necesidad y el profundo deseo de prescindir de su tutela, de adquirir madurez e independencia. Un sueño incestuoso con nuestra madre indica inseguridad, temor, y el deseo de volver a la infancia para sentirnos protegidos y mimados. Soñarla muerta cuando en la realidad está viva revela el deseo de emanciparse del hogar y de su tutela.

Madrina: Sostén y apoyo en momentos difíciles y angustiosos.

Maestro: Si soñamos que somos nosotros el maestro indica deseos de superioridad. Si vemos a un maestro o hablamos con él, necesitamos un consejo práctico.

Magia: Revela que nos hallamos en una situación aparentemente insoluble y que desearíamos que ocurriera algún milagro que nos ayude a salir de la misma.

Magistrado: Ver Juez.

Magnolia: Simboliza a una persona extremadamente bella y de agradables maneras.

Maíz: Ver Cebada.

Malabarista: Si realizamos malabarismos con éxito, saldremos fortalecidos de la situación actual. Si los realizamos sin éxito, fracasaremos o tendremos pérdidas económicas.

Maleta: Revela el deseo inconsciente de huir de una situación, ocupación o persona que nos está agobiando. Si no se termina de hacer la maleta indica que el soñador se siente frustrado por algo concerniente a su vida diaria, pero sin llegar a desear la huida. Si llevamos una maleta pesada y enorme, revela que existe en nosotros algún secreto que nos atormenta y del que desearíamos liberarnos. Si nos roban la maleta o la perdemos, revela que sospechamos que alguien nos explota o intenta apoderarse de nuestros bienes.

Maleza: Indica obstáculos para la realización de sus deseos.

Malhechor: Refleja nuestro temor a perder algo o a que nos lo quiten. Si somos nosotros el malhechor, revela nuestro temor a estar usurpando los derechos de otra persona.

Mallas: Ver Red.

Maltratar: Intenciones o actos malévolos de parientes cercanos o relaciones íntimas.

Mamar: Seguridad afectiva. Serenidad del corazón y del espíritu.

Mamas: Ver Senos.

Mamut: Poder y solidez en una situación envidiable de la cual sacará provecho.

Mañana: Los sueños que ocurren por la mañana y de madrugada, presagian el porvenir esperanzado y deseable que nos queda por delante. Si el sueño se acompaña de sensaciones desagradables o es un amanecer triste, revela que estamos pasando por un período de depresión y desconfianza en el porvenir.

Manantial: Simboliza la fuerza vital del hombre y de todos los seres. Los sueños en los que aparece un manantial ponen de relieve nuestras esperanzas de regeneración, de purificación o de iniciación en los misterios de la vida. Si el manantial soñado está seco es que todas las esperanzas son vanas. Si se nos impide beber de él, es que todavía debemos esperar algún tiempo antes de que se conviertan en realidad. Si podemos beber del manantial y su agua es clara y fresca significa que todas nuestras necesidades serán satisfechas. Si el agua mana turbia, amenaza ruina moral o material. Si el manantial nace en nuestro jardín es el mejor símbolo de prosperidad en todos los sentidos.

Manchas: En los jóvenes los sueños de manchas suelen revelar el temor a la sexualidad y sus consecuencias. Si se trata de manchas que aparecen por la acción del tiempo revela la existencia de un acontecimiento o un hecho que no es actual ni futuro, sino que permanece anclado al pasado, y sus consecuencias provienen del pasado también.

Manco: Simbolizan la acción, la amistad y la fuerza. Vernos sin brazos, amenaza de próxima ruina. Si nos falta un brazo, enfermedad.

Mandarina: Si se encuentra en buen estado, se trata de un presagio venturoso y sumamente positivo que nos habla de matrimonio, amor puro, cálido y apasionado. Nos promete numerosa descendencia. Si las flores se hallan marchitas o las mandarinas están pasadas, se trata de amores que se extinguen o que no hemos sabido aprovechar.

Mandíbula: Simboliza la fuerza de voluntad. El tamaño de la misma revelará la fuerza de voluntad del poseedor de la mandíbula soñada.

Mangas: Amplias y limpias indica actividades fructíferas. Estrechas y sucias, dificultades profesionales.

Maniquí: Placeres y goces pasajeros.

Mano: Simboliza nuestros medios de acción. La mano derecha corresponde a lo racional, consciente, lógico y firme. La izquierda, lo irracional, lo ilógico, lo inconsciente y lo pasivo. Manos grandes, fuertes y bien estructuradas indican éxito y progreso. Pequeñas, débiles y feas indican imprudencia, inseguridad, insatisfacción y fracaso. Manos blancas y limpias, éxito fácil. Negras y duras, trabajos penosos y éxito difícil (salvo que seamos de raza negra). Manos peludas, sórdida imaginación. Manos unidas, tensión emocional. Mirarse las manos, desconcierto.

Mansión: De hermosa construcción y con aspecto cuidado indica que sus aspiraciones se concretarán de manera inesperada.

Manteca: Éxito y prosperidad, sobre todo si nos la vierten sobre la cabeza. Si se rompe un recipiente lleno de manteca indica desgracia.

Mantel: Si el mantel es blanco, hermoso y está sobre la mesa anuncia prosperidad para la casa. Si está manchado, sucio o arrugado es que nos esperan problemas y complicaciones que podríamos haber evitado.

Mantequilla: Augura la fácil adquisición de bienes y riquezas. Cuanta más mantequilla, más riquezas. Si la comemos, además de lo anterior, añadiremos una agradable sorpresa. Batir mantequilla augura un nacimiento o una herencia.

Manto: Llevar en sueños un manto puesto indica protección, éxito, honores y satisfacciones proporcionales a la longitud y riqueza del manto. Dar el manto a otra persona es una forma de entregarnos a la misma.

Manzana: Simboliza la totalidad, los placeres terrenales, el conocimiento y la necesidad de escoger. Si comemos de una manzana madura y sabrosa es que escogemos el goce de la vida material. Si comemos de una manzana verde, escogemos también la vida material aunque llena de trabajos y dificultades. Si está pasada, la vida nos amenaza con engaños y desengaños. Si sólo la vemos, escogemos otra especie de felicidad más pura, más duradera, más profunda y más espiritual.

Manzanilla: Comprarla indica pequeña enfermedad sin importancia. Beberla, curación y mejora de la salud.

Mapa: Soñar con un mapa denota descontento con nuestra situación actual y el deseo de cambiar de ambiente y de circunstancia.

Maquillaje: Si se trata de un maquillaje en su justa medida, nos advierte que en la vida hay que mostrarse siempre algo mejores de lo que somos en realidad. Si el maquillaje resulta exagerado, lo que revela es engaño, duplicidad y traición.

Máquina: Si las máquinas trabajan con un buen ritmo auguran éxito y prosperidad. Si se detienen es que existirán retrasos en nuestros planes y proyectos. Si trabajan mal, se rompen, nos fallan o si ocurre algún accidente presagian el fracaso y las complicaciones.

Mar: Simboliza el inconsciente colectivo. Cuanto el mar presagia y representa en nuestros sueños, se refiere a lo que sucede en nuestro interior. Si el mar está en calma, también lo está nuestra vida (vida apacible y tranquila). Si está agitado también lo está nuestro interior (complicaciones y problemas). Caernos en el mar presagia alguna desgracia de la que seremos nosotros los culpables. Si nos dejamos hundir es que nos resignamos ante lo que consideramos inevitable. Si intentamos salir a la superficie y mantenernos en ella, refleja nuestro deseo de luchar con todas nuestras fuerzas. Navegar por un mar encrespado significa que nos estamos dejando llevar por un asunto peligroso, a pesar de que sabemos el peligro que corremos.

Margarita: Soñar con margaritas blancas es una promesa de amor, salvo si las deshojamos, en cuyo caso se trata de un amor muy incipiente o de un simple amorío.

Marinero: Si vemos un marinero en tierra presagia amistad o amor con alguien que aparecerá pronto en nuestra vida para desaparecer de la misma manera. Si somos nosotros el marinero, puede revelar afán de aventura o incertidumbre sobre nuestro futuro. Si los marineros los soñamos en el mar, nos aconseja ser muy prudentes con nuestros asuntos.

Marioneta: Indica que sus sentimientos son inconstantes y sus decisiones inestables.

Mariposa: La mariposa simboliza la ligereza, la inconstancia y la imprudencia. En otra faceta simboliza el alma, la muerte y el renacimiento. Soñar con mariposas indica ligereza que puede manifestarse en el amor o en los negocios y que nos conducirá a la ruina. El color nos puede indicar la causa de nuestra ligereza. Por ejemplo: si es blanca indica ignorancia. Amarilla, falta de conocimiento. Roja indica que nos dejamos arrebatar por las pasiones del momento. Azul, por la irrealidad de un romanticismo sin importancia. Si la mariposa es nocturna, el pronóstico indica que estamos rozando la inmoralidad e incluso a veces la ilegalidad. Si es diurna, no existen intenciones ocultas. Otro significado es el de anunciarnos que en nuestra vida se está iniciando una transformación que nos elevará en lo material y en lo moral.

Mariquita: Soñar con este insecto nos anuncia buenas noticias y próximas alegrías.

Mariscos: Vivos, es símbolo de alegría y felicidad. Muertos, preocupaciones, inconvenientes y esperanzas frustradas.

Mármol: Simboliza frialdad y perennidad. Se refiere a aquellos amores que comienzan siendo indiferentes y fríos, pero que luego son sólidos y duraderos.

Marmota: Denota pereza y mucho sueño.

Martillo: Simboliza algún asunto, trabajo o negocio que nos procurará provecho después de usarlo largamente.

Mártir: Si aparecemos como mártires indica que existe un grave complejo de culpabilidad. Si somos nosotros los que martirizamos, denota que no queremos que nos dominen.

Masacre: Indica que tenemos graves conflictos internos. Se impone un análisis. Debemos desahogarnos haciendo por ejemplo deporte.

Masaje: Nuestro cuerpo nos previene de un fallo en nuestra salud.

Máscara: Simboliza ocultación y engaño. Si somos nosotros los que la llevamos puesta es que deseamos ocultar a los demás alguna característica o facetas de nuestro carácter de la que no estamos satisfechos. Si nos miramos al espejo con ella puesta indica que si pudiéramos nos lo ocultaríamos a nosotros mismos. Si son los demás los que están enmascarados, se trata de personas conocidas en la vida real de quienes no queremos reconocer su comportamiento hacia nosotros. Este sueño nos advierte que se está tramando algo a nuestras espaldas.

Masticar: Si soñamos que masticamos algo que no nos gusta, presagia que deberemos enfrentarnos a algo desagradable.

También el significado es el mismo si tenemos dificultades al tragar. Si masticamos alimentos naturales y sencillos significa que estamos aprovechando bien las experiencias de la vida. Si masticamos dulces significa que tenemos vivencias sentimentales agradables y positivas.

Matadero: Si lo vemos lleno de animales, se trata de un presagio feliz y de éxito. Si está vacío indica dolor, penas y preocupaciones.

Matar: Significa eliminar y hacer desaparecer. Matar a alguien en sueños revela nuestro deseo de que esta persona deje de interferir en nuestros asuntos. Ver matar a alguien indica un estado de confusión y desconcierto ante la conducta de los demás. Si la víctima somos nosotros, se trata de un sueño de muerte (ver el significado de muerte). Si lo que matamos o vemos matar en sueños es un animal, lo que deseamos eliminar es una situación o un hecho molesto, penoso o difícil para nosotros.

Matemáticas: Si estamos en sueños estudiando matemáticas anuncia un próximo encuentro con una persona de gran saber.

Matrimonio: El matrimonio en sueños representa la unión de principios. Contraer matrimonio en sueños muchas veces refleja el deseo de casarnos. Si estamos casados y soñamos con otro matrimonio, indica una preferencia o deseo momentáneo hacia la persona con la que nos casamos en sueños. Casarnos con alguien de nuestro propio sexo, revela el narcisismo de quien lo sueña. En algunos casos soñar con el matrimonio presiente algún problema o calamidad que se avecina.

Maullido: Escuchar los maullidos de un gato presagia traiciones y engaños.

Mayonesa: Si está bien hecha anuncia alegrías familiares. Mal hecha, atmósfera desagradable y disputas.

Mecánico: Promesas de una evolución positiva en sus condiciones financieras.

Medalla: Honorífica, indica que su medio social le estima y aprecia. Religiosa, paz en el alma y serenidad en el corazón y en el espíritu.

Medias: Si soñamos con unas medias sin fijarnos en detalles, augura una existencia apacible y de razonable felicidad. Si tienen carreras o están agujereadas nos advierten sobre posibles engaños o falsas promesas. Quitarse las medias presagia un cambio de situación. Si las medias son de lana, algodón, hilo o cualquier mate

rial sintético en buen estado y agradables a la vista, auguran bienestar, beneficios y ganancias. Si son de seda natural, el presagio de riqueza se incrementa y puede provenir de una herencia o donación, más que de beneficios obtenidos por sí mismos. Si son de color muy claro simbolizan amistad. Si son muy oscuras o negras simbolizan tentación.

Medicamentos, médico: Ver Doctor.

Medidas: Tomar medidas indica que deberá examinar las características de una situación antes de comprometerse. Ver a una persona tomar medidas, seremos observados y criticados en nuestro comportamiento y actos. Medirse con una persona, clima de conflictos poco deseables.

Mediodía: En muchos casos en los que se sueña con el mediodía no tienen significado profético. En otros casos, se refiere a hechos ya pasados o a cómo terminarán acontecimientos de su vida privada, amorosa, profesional y pública, pero siempre ya existentes y culminados, nunca incipientes o futuros.

Mejillas: Simbolizan nuestra salud o la de la persona que contemplamos en sueños. Unas mejillas bien coloreadas, tersas y suaves nos anuncian salud y bienestar físico. Unas mejillas hundidas y con mal color revelan el peligro de enfermedad. Si además del mal aspecto se hallan heridas o manando sangre es un peor presagio.

Melancolía: Tristeza y recuerdos de un período de felicidad.

Mellizos: Noticias sorprendentes y felices. Circunstancias inesperadas.

Melocotones: El melocotonero simboliza la primavera y la abundancia. Sus flores son flores matrimoniales. Su madera proporciona protección mágica. Los melocotones simbolizan prosperidad y amor. Soñar con un melocotonero presagia que recibiremos protección y ayuda. Si lo vemos florido presagia felicidad y amor. Si está lleno de melocotones, especialmente si comemos alguno de ellos, la protección y ayuda serán para conseguir riqueza y felicidad.

Melón: Si estamos enfermos en la vida real y soñamos con melones es buen presagio pues aseguran una próxima curación. Si no estamos enfermos, el melón es una fruta de mal agüero que augura salud deficiente.

Membrillos: Fidelidad en la amistad y en el matrimonio, salvo si están echados a perder, en cuyo caso anuncia próximos problemas afectivos.

Mendigo: Si damos limosna a alguien presagia desilusiones y desengaños. Si vemos a un mendigo sin darle nada, nos advierte contra la posibilidad de que suframos pérdidas económicas. Si el mendigo lo somos nosotros, anuncia que estamos entrando en un período de dificultades, problemas y mucho trabajo.

Mentira: Perfidia, astucia y traición de personas que están cerca.

Mercado: El mercado representa el teatro de nuestra existencia externa y material. La gente que vemos son aquellas que están de ordinario en la vida real. Los corredores y caminos trazados dentro del mercado representan los caminos de nuestra vida. El mercado y sus puestos de venta, nos dicen que en esta vida debemos pagar un precio por cuanto adquirimos y poseemos. Ver un mercado de lejos, sin detalles y sin hacer nada para acercarnos, suele reflejar una etapa de penurias materiales. Entrar en el mercado sin llegar a comprar, refleja la búsqueda y la necesidad de hallar los medios o el camino más adecuado para la realización de nuestros proyectos y ambiciones. También el entrar sin comprar, puede significar un simple deseo de promiscuidad que suele aparecer cuando en nuestra vida falta calor humano o comunicación. No encontrar en el mercado lo que buscamos, o sentirnos agobiados por el gentío indica que todavía no es el momento adecuado para lanzarnos activamente a la vida. Antes debemos meditar y reflexionar. Sentirnos agobiados también puede revelar nuestra timidez y retraimiento.

Mermelada: Anuncia alegrías y placeres familiares.

Mesa: Es el lugar de nuestras relaciones familiares. Si se trata de una mesa rectangular, refleja que la organización de la familia está más jerarquizada. Si es cuadrada, no existe tanta jerarquía como en la rectangular. Si es redonda indica la inexistencia de jerarquías en nuestra familia. Una mesa bien servida simboliza la unión familiar y un agradable porvenir. Si no hay nadie en la mesa refleja nuestro deseo de comunicación y unión familiar. Si la mesa se rompe, se cae o le ocurre cualquier accidente, será nuestra unión familiar la que se rompe o le ocurre lo que el accidente simboliza.

Meteorito: Si asistimos a la caída de un meteorito, anuncia que graves hechos harán peligrar sus condiciones de vida.

Metro: Ver Tren.

Microscopio: Este sueño refleja que usted tiene tendencia a aumentar los hechos y a exagerar los pensamientos o las palabras.

Miedo: Lo primero que debemos hacer con este sueño es desechar que se trate de miedo por haber visto alguna película o información que nos produzca este temor. Si no es así, se refiere a inseguridad o a un miedo real por algo que nos preocupa. Si los sueños de miedo son muy frecuentes, sería conveniente consultar con un especialista dado que pueden reflejar desequilibrios nerviosos, que con toda seguridad podrán ser tratados adecuadamente.

Miel: Simboliza el "Yo superior" como última consecuencia de un trabajo de elaboración interna sobre sí mismo. Augura riqueza, prosperidad y felicidad, especialmente amorosa.

Militar: Ver Soldados.

Millonario: Solo se sueña con ser millonario o con millonarios cuando se es todo lo contrario. Lo que augura o revela es el deseo o la ambición de riquezas.

Mina: En sueños las minas se refieren a todos los tesoros y riquezas que todavía no han salido a la luz. Soñar con una mina para un trabajador, comerciante o empresario es presagio de riqueza y beneficios. Para un científico presagia descubrimientos o nuevas aplicaciones de la ciencia. Para un médico, el descubrimiento o la curación de una nueva enfermedad. Para un político, la fundación de un partido político.

Mirada: Cuando en sueños miramos fijamente a los ojos de quien tenemos delante, revela el temor a dejar traslucir algo que deseamos mantener oculto. Sentirnos mirados con insistencia, pero sin ver los ojos que nos miran denota complejos de culpabilidad. Si nos soñamos ciegos o con los ojos vendados es indicio de un miedo ilógico a ser engañados o perseguidos. También puede revelar nuestra impotencia ante las circunstancias de la vida real. Soñar que padecemos de la vista, pero sin llevar gafas denota falta de coraje que nos impide mirar de frente los hechos. Si acudimos a un oculista indica el deseo de hallar a quien podamos hacer partícipe de nuestros problemas y nos ayude.

Misa: Ver Rezar.

Miseria: Indica disminución de responsabilidad en sus actividades, recursos financieros debilitados y preocupaciones en sus relaciones con los demás.

Misionero: Ver Cura.

Mitología: Cuando en nuestros sueños aparece un personaje mitológico, posee el significado que le otorga la mitología. Soñar con Zeus o Júpiter anunciará una poderosa protección o un castigo ejemplar, según sea el rostro: amable o furibundo. Venus, nos pronosticará un amor feliz si está de buen talante o desgraciado e incluso vengativo si está furiosa, y así sucesivamente.

Mochila: Si está llena simboliza que tenemos secretos bien guardados. Si está vacía indica que la persona propietaria es incapaz de guardar un secreto. Perder la mochila significa que alguien conoce nuestros secretos. Si nos la roban, alguien se enterará de lo que no queremos usando la fuerza.

Modelo: Indica la renuncia a la propia personalidad.

Modista: Anuncia un cambio favorable de situación.

Molino: Soñar con un molino siempre augura riqueza. A mayor velocidad mayor riqueza y si está parado también es muy posible que la consigamos. Pero si molemos algo siempre anuncia problemas.

Momia: Resurgirán viejos asuntos olvidados.

Monasterio: Soñar con un monasterio augura la realización de esperanzas o deseos. Si lo vemos en la lejanía y no nos acercamos a él anuncia desilusiones. Si nos encontramos en el monasterio hablando con otras personas sin prestar atención a lo que allí sucede, nos advierte de que nuestra actitud ante la vida es descuidada y podemos cometer alguna imprudencia.

Mondadientes: Anuncia una decepción amarga y costosa.

Monedas: Si nos vemos contando monedas de escaso valor augura dificultades económicas. Si perdemos las monedas, nos advierte sobre nuestra falta de economía. Si las encontramos, refleja nuestro íntimo deseo de emprender tareas más lucrativas.

Monedero: Usarlo indica que somos minuciosos con nuestros asuntos. Perderlo, problemas financieros.

Monja: Indica un sentimiento de culpabilidad muy difuso que se basa en el miedo a la pérdida de la inocencia y sus consecuencias.

Mono: El mono refleja nuestra personalidad instintiva y es una llamada para que desarrollemos nuestra personalidad hacia un nivel superior.

Monstruo: Ver Diablo.

Montaña: Ver Cumbre.

Moras: Indica satisfacciones y placeres en la ternura del amor.

Morder: Morder a alguien en sueños augura que con nuestra agresividad nos creamos numerosos enemigos, o revela el deseo de poseer y dominar a la persona a la que mordemos. Si somos mordidos es que nos sentimos heridos por la agresión de quien nos muerde, o por la agresividad de los demás si no le reconocemos. También puede revelar el temor a las agresiones sexuales. Si somos mordidos por un animal, el sueño refleja el temor a dejarnos dominar por nuestros instintos o pasiones, que serán simbolizadas por el animal que nos muerde.

Mosaico: Anuncia una situación compleja.

Moscas y mosquitos: Los insectos simbolizan a personas molestas o impulsos externos igualmente molestos. Matar moscas en sueños manifiesta el deseo de apartarnos de personas vanidosas y de hacerlas desaparecer de nuestra vida evitándonos así molestias y problemas. Los mosquitos nos advierten para que nos protejamos de los desconocidos que quieren inmiscuirse en nuestra vida, así como de los impulsos agresivos que despiertan en nosotros.

Mostaza: Presagia toda una serie de pequeñas molestias o contrariedades que nos sumirán en un estado de suma irritabilidad.

Motín: Peleas a su alrededor.

Motocicleta: Ver Bicicleta.

Motor: Si el motor trabaja con un buen ritmo augura éxito y prosperidad. Si se detiene es que existirán retrasos en nuestros planes y proyectos. Si trabaja mal, se rompe o nos falla, o si ocurre algún accidente presagia el fracaso y las complicaciones.

Mozo: Soñar con un mozo augura dinero, suerte y éxito.

Mudanza: Siempre anuncia un cambio en la vida del soñador.

Mudo: Perspectiva de acontecimientos que le serán muy penosos de soportar.

Muebles: La mesa revela la unión familiar y los armarios, nuestras posesiones. Si vemos cómo se destruyen nuestros muebles, indica graves discordias familiares e incluso la disolución de la familia. Si en sueños cambiamos los muebles de sitio, refleja un deseo de mayor bienestar o augura cambios en la familia.

Muelle: Presagio de nuevas modificaciones en sus condiciones de vida.

Muerte: Los sueños de muerte no anuncian la muerte física, solo afirman que algo ha muerto, que algo desaparece. Puede tratarse de una relación, un amor, una amistad o simplemente una cualidad o un defecto, algo íntimo y personal que sólo conocemos nosotros. Son rarísimas las ocasiones en que podemos percibir la muerte física de otra persona. Cuando esto ocurre, no queda la menor duda de que se trata de un proceso telepático o el contacto con una realidad trascendente. También existe otro tipo de sueños de muerte y es el que aparece cuando la edad ya nos hace presentir su proximidad.

Muerto: Ver Difunto.

Mujer: Si este sueño lo tiene una mujer suele interpretarse como la revelación de su propia personalidad. En caso de que sea un hombre el que sueña con una mujer se relaciona con el éxito de sus ambiciones. Soñar con mujeres desnudas es mucho más frecuente en mujeres y refleja el deseo y la preocupación por gustar y ser amadas. Si se trata de mujeres desnudas y excitantes sólo hablará de deseo sexual a un hombre sin inhibiciones.

Mula: Ver Asno.

Muletas: Este sueño será válido en caso de no usar muletas en la vida real. Las muletas representan los apoyos morales y los defectos del pie a los defectos del alma. Denota falta de confianza en las propias cualidades, salvo que se abandonen las muletas durante el sueño, en cuyo caso presagia la recuperación de la propia confianza y seguridad. Si vemos a otra persona usando muletas cuando en la realidad no las necesita, indica que percibimos su propia inseguridad y necesita nuestro consejo y ayuda.

Multa: Anuncia dificultades con las autoridades legales.

Multitud: Si nos hallamos imposibilitados de movernos entre la gente revela nuestra incapacidad de dominar los acontecimientos, debilidad de carácter y gran timidez. Si es otra persona la que se encuentra en esta situación y no podemos acercarnos a ella, el sueño denota nuestro deseo de conquistar su afecto y amistad y el temor de no lograrlo. Ver una multitud sin mezclarnos con ella, anuncia alguna desgracia o malas noticias, en especial si visten de negro. A veces se trata de un cambio social, político o económico de carácter general.

Muñeca: Si somos una niña este sueño indica soledad y falta de comunicación cuando el sueño es triste. Para una mujer indica nostalgia de la niñez.

Muralla, muro: Ver Pared.

Murciélago: Augura tristeza, malas noticias y sorpresas desagradables.

Museo: Suele augurar o revelar un nivel cultural elevado y la capacidad de disfrutar de las pequeñas delicias de la vida. Cuanto más rico y bien provisto se halle, mejor será el augurio de riqueza y bienestar. Si está abandonado y polvoriento es una señal de alarma, que revela un estado de descorazonamiento y pesimismo.

Musgo: Revela inquietudes afectivas y financieras.

Música: Siempre es buen augurio. Es un presagio de felicidad y consideración. Si se da en personas con aspiraciones espirituales es un indicio de piedad y elevación.

— N —

Nabos: Simbolizan la mediocridad.

Nacimiento: Los sueños de nacimiento no se refieren al nacimiento de una persona, sólo afirman que algo ha nacido o nacerá próximamente.

Nadar: Bucear con facilidad y sin cansancio, presagia que conseguiremos el éxito tanto económico como amoroso. Si nos ahogamos indica que nuestras ambiciones se esfumarán. Si salvamos a alguien de morir ahogado significa que evitaremos una pasión peligrosa para nosotros. Si estamos aprendiendo a bucear, dudamos de nuestra fuerza de voluntad. Bucear en aguas claras significa que somos claros y nobles. En aguas turbias, pasión con malos pensamientos. Si estamos buceando y la mar o el río se enfurecen o nos arrastra la corriente, indica que nuestras pasiones serán más fuertes que nuestra voluntad.

Naipes: Presagia pérdidas y decepciones. Casi siempre indica que nos dejamos arrastrar por los acontecimientos sin poner de nuestra parte toda la fuerza de voluntad para intentar controlarlos.

Naranjo, naranjas: Si se encuentra en buen estado, se trata de un presagio venturoso y sumamente positivo que nos habla de amor y matrimonio. De un amor puro, cálido y apasionado que nos promete numerosa descendencia. Si las flores se hallan marchitas o las naranjas pasadas, se trata de amores que se extinguen o que no hemos sabido aprovechar.

Narciso: Simboliza muerte, renacimiento, sentimiento y fecundidad. También vanidad, egocentrismo y amor hacia sí mismo. Como en todos los sueños de tan complejo simbolismo, la interpretación siempre se ve ayudada por las emociones que lo acompañan y las circunstancias personales del soñador, que en el fondo son las más determinantes.

Narcóticos: Sus relaciones le comprometerán en empresas ilícitas.

Nariz: Para un niño soñar con una nariz desmesuradamente larga revela el temor a que se conozcan sus mentiras. Si un niño sueña que tiene la nariz ensangrentada, refleja las reprimendas y amenazas de padres y maestros, por benignos que a nosotros nos puedan parecer tales castigos. En una niña este mismo sueño de hemorragias nasales se produce con ocasión de los primeros trastornos menstruales.

Naufragio: Simboliza el naufragio de nuestros proyectos y esperanzas actuales.

Náusea: Advertencia de un peligro próximo que podría comprometer alguno de sus intereses.

Navaja: La navaja de afeitar implica el deseo de poner mayor voluntad y sinceridad en nuestra forma de enfrentar los hechos y problemas que se nos presentan. La navaja como arma blanca, siempre presagia rupturas y separaciones violentas relacionadas con problemas pasionales, celos, venganza y engaños amorosos.

Negro: Puede ser el vacío absoluto que simboliza la muerte, el luto y las tinieblas. También puede tratarse del negro como la síntesis de todos los colores que simboliza la virginidad. Aunque el que casi siempre aparece es el negro negativo, que alude a la parte inferior y siniestra de la psique humana y que simboliza todo lo malo, lo siniestro, la melancolía y la muerte. Es el color que domina en los sueños de los psicópatas y en los de las personas normales cuando se hallan sumidas en estados depresivos.

Neumáticos: Por su forma circular simboliza lo que es perfecto y procura seguridad y protección. Por su movimiento es el símbolo de todo lo que gira alrededor de un centro. Por sus radios simboliza nuestra dependencia de un centro místico inmóvil en el eje de la rueda, mientras que nosotros giramos situados en la llanta. Los radios son el camino que nos conduce a Él, y Él hacia nosotros. Soñar que estamos en un vehículo del que se desprende o rompe una rueda, nos hace temer una infinidad de males. El destino nos hace una mala jugada. Si caemos bajo las ruedas de un vehículo representa la fatalidad del destino. Si la rueda gira suave y silenciosa, nos augura éxito y la buena evolución de las cosas. Si chirría augura obstáculos e impedimentos que no lograrán impedir la consecución de nuestros objetivos.

Nevera: Si la soñamos bien provista y ordenada revela buena economía y previsión de los dueños del hogar. Si está vacía revela falta de previsión y economía. Si la nevera se hunde o está destrozada es que las finanzas familiares se hallan en peligro.

Nido: Simboliza el hogar y la familia. Si el nido contiene a los padres o a una nidada presagia felicidad y bienestar. Si está vacío, presagia desdichas y soledad. Si se trata de un nido de serpientes, presagia el temor a que existan traidores en nuestro propio hogar. Si una mujer sueña que alguien trata de robar un nido, indica temor a la violencia y engaños masculinos. Si es un hombre el que sueña que alguien trata de robar un nido indica deseos sexuales.

Niebla: Simboliza lo indeterminado, una etapa de transición entre dos épocas o dos estados. Buscar algo en la niebla manifiesta el deseo de recobrar un afecto o una amistad. Estar paralizados en medio de la niebla es el miedo al futuro y la incertidumbre por lo que todavía tiene que llegar. Si la niebla se deshace durante el sueño es la salida de la confusión, esto quiere decir que la situación o el futuro se aclararán.

Nieve: Significa frío, soledad y muerte. Salvo cuando aparece en la estación propicia, en cuyo caso significa abundancia de bienes.

Ninfas: Sus sentimientos hacia una persona que aprecia se tornarán sinceros y profundos. Su corazón se sentirá colmado y feliz.

Niño: El niño recién nacido simboliza el principio, el génesis o nacimiento. Soñar con un niño recién nacido, revela que se está produciendo una metamorfosis espiritual o mental. Si este sueño lo tenemos en la edad fértil, suele referirse a la deseada maternidad. El niño como símbolo de la infancia es un sueño de regresión, de huída hacia atrás a un mundo sin preocupaciones y la protección del hogar. Los sueños en que nos vemos ya como adultos pero el escenario es de nuestra infancia, nos proporcionan datos que teníamos olvidados y nos facilitan la comprensión de tensiones y complejos latentes. Este sueño puede indicar una victoria sobre la complejidad y la ansiedad. Es un paso más en la conquista de la paz interior y la confianza en nosotros mismos.

Noche: El aspecto positivo de la noche está representado por la presencia de la luna, con ella la noche pierde su peligrosidad. Si con frecuencia tenemos sueños de noche que son negativos, auténticas pesadillas, donde se ven reflejados todos nuestros miedos indecisiones, angustias, peligros y tristezas, revela un acusado complejo de inferioridad.

Norte: Indica que somos extrovertidos y que aspiramos a una vida elevada espiritualmente.

Notario: Si tú eres el notario serás responsable de las dificultades de otra persona. Si vemos un notario seremos nosotros los que tendremos las dificultades.

Noticias: Le anuncian sucesos importantes susceptibles de modificar las costumbres de su vida actual.

Novillo: Es el símbolo más primitivo de las fuerzas instintivas y desenfrenadas en todos sus aspectos, tanto destructores como creadores. Ver a un novillo majestuoso y desafiante puede ser un sueño favorable que atestigua una pujante energía creadora. Si el novillo nos persigue dispuesto a destrozarnos, es que en nuestro interior los instintos primitivos están a punto de estallar.

Nubes: Las nubes indican que nuestra situación actual se halla paralizada por nuestras acciones pasadas. Si se trata de nubes ligeras que no ocultan la luz del sol, anuncian una época muy movida y llena de altibajos. Si son espesas y negras vaticinan perplejidad, preocupaciones y miedo.

Nudo: Simboliza la unión, unión hasta la muerte y a ser posible hasta el más allá. Este sueño revela nuestro íntimo deseo de formar una unión imperecedera con alguien o con algo. Soñarnos atados, significa una dependencia que nos pesa demasiado. Si conseguimos desatarnos, encontraremos la liberación. Si atamos a alguien significa que cometeremos una injusticia salvo que sea del sexo opuesto que significa atracción.

Nuera: Reconciliación familiar. Regreso de amistades perdidas.

Nuez: Simboliza los problemas difíciles o las cosas importantes a las que es difícil acceder. Puede indicar toda serie de pequeños problemas y dificultades sin el menor provecho. También puede tratarse de objetivos posibles de conseguir, aunque antes habrán de vencerse numerosas dificultades. Si estamos recogiendo nueces presagia una vida amorosa feliz, a pesar de que comporte numerosos pequeños problemas.

Números: Indica nuestro deseo de ganar dinero.

Nutria: Indica que algunas personas cercanas a usted profesionalmente le aconsejarán mal en beneficio propio.

— O —

Oasis: Si nos hallamos en medio de arduos problemas y soñamos con un oasis significa que ya finalizan los problemas y vamos a disfrutar de la paz y tranquilidad que nos merecemos. Si lo vemos a lo lejos es el anuncio de que se aproxima el fin de nuestros problemas. Abandonar el oasis significa que nos veremos obligados a afrontar una ardua y difícil tarea en la que sólo podremos contar con nuestras fuerzas.

Obelisco: Proyectos particularmente ambiciosos no le darán la gloria que soñaba conseguir.

Obispo: Ver Cura.

Observatorio: Circunstancias o sucesos apasionantes. Momentos extraordinarios, pero poco relacionados con las necesidades por las que debe preocuparse.

Obstáculos: Indica las dificultades que usted va a tener que afrontar.

Obstinación: Dar muestra de ella en sueños será garantía de su determinación para alcanzar sus objetivos en la realidad.

Ocas: Ver Pato.

Océano: Ver Mar.

Odio: Contra una persona indica fracaso en los negocios. Contra nosotros, deberá temer las intrigas y maniobras de sus adversarios.

Oeste: Indica que elegimos resignarnos a nuestro destino.

Ogro: Representa todo lo que debemos vencer para liberarnos y expandir nuestra personalidad.

Ojos: Cuando en sueños miramos fijamente a los ojos de quien tenemos delante, revela el temor a dejar traslucir algo que deseemos mantener oculto. Sentirnos mirados con insistencia, pero sin ver los ojos que nos miran denota complejos de culpabilidad. Si nos soñamos ciegos o con los ojos vendados es indicio de un miedo ilógico a ser engañados o perseguidos. También puede revelar nuestra impotencia ante las circunstancias de la vida real. Soñar que padecemos de la vista, pero sin llevar gafas denota falta de coraje que nos impide mirar de frente los hechos. Si acudimos a un oculista indica el deseo de hallar a quien podamos hacer partícipe de nuestros problemas y nos ayude.

Olas: Simbolizan el aspecto pasivo de la existencia, especialmente el lado emotivo de la misma. Soñar que nos dejamos mecer por las olas equivale a dejarnos llevar pasivamente por las circunstancias de la vida. Las olas arrebatadas por la tormenta simbolizan la irrupción impetuosa del inconsciente. Si andamos sobre las olas como si marchásemos sobre tierra firme es un excelente sueño. Manifiesta que nos sentimos capaces de hacer frente a cuantos problemas y obstáculos se opongan a nuestros deseos.

Olla: Llena y sobre el fuego augura noticias interesantes. Vacía o sin usar indica falta de seguridad.

Ombligo: Puede indicar que le afectarán contrariedades.

Ópera: Representa hechos particularmente destacados en la vida de quien sueña.

Operación: Soñar que nos operan del corazón es una clara advertencia para que abandonemos un amor nefasto, aunque suponga para nosotros una dolorosa y drástica renuncia. Si nos operan del estómago es necesario realizar un buen repaso de los acontecimientos, pues no hemos digerido correctamente alguno de ellos, lo que puede ser causa de problemas.

Ordeñar: Prosperidad, fecundidad y desahogo en el hogar.

Orejas: Simboliza la comunicación como órgano pasivo de la audición. También simboliza lo femenino y la dependencia. Las orejas suelen referirse a las mujeres que forman parte de la vida del soñador o a quien pertenezcan las orejas soñadas. Si las soñamos bien conformadas y hermosas pronostican felicidad. Mal conformadas, desgracias. Si nos silban los oídos es de temer que murmuren de nosotros. Si en sueños intentamos taparnos las orejas con un sombrero, con los cabellos o con cualquier otra prenda, revela el temor a que se descubran sus apetencias sexuales o su dependencia de otra persona.

Órgano: Un órgano de iglesia prefigura ceremonias cuyo carácter estará indicado por el trozo musical oído y las circunstancias de la audición. Si no se trata del órgano de una iglesia indica noticias y acontecimientos favorables o no, dependiendo de la música interpretada.

Orgías: Soñar con exceso de toda clase revela la existencia de insatisfacciones sexuales. Debemos plantearnos lo que debemos hacer: revisar condiciones de vida demasiado puritanas, o por el contrario, frenar la imaginación.

Orina, orinar: Al soñar que nos orinamos es inevitable despertarse para hacerlo, ya que este sueño es la respuesta a la necesidad fisiológica de la micción y si no lo hacemos nos despertaremos mojados.

Oro: Simboliza todo lo superior, la luz, el conocimiento, la riqueza, la perfección y la irradiación. También simboliza el valor permanente e inalterable de los bienes espirituales y la suprema iluminación. Soñar que buscamos oro excavando en el suelo, nos indica que nuestros deseos no llegarán a realizarse. Si lo buscamos entre las arenas de un río es que no estamos seguros de la bondad de nuestros sentimientos. Soñar que fabricamos oro indica que en la vida estamos perdiendo el tiempo en utopías y falsas ambiciones, en lugar de emplearlo en cosas de provecho. Gastarlo o perderlo anuncia que seremos estafados o despojados de nuestros bienes. El oro sólo constituye un buen presagio cuando lo encontramos, especialmente si es en forma de un tesoro.

Orquesta: Ver Música.

Orquídea: Refleja orgullo y pretensión.

Ortigas: Simbolizan la traición, la crueldad y la lujuria.

Oruga: Simboliza la transición o elevación desde un estado inferior a otro superior. Si es una oruga que se transforma en mariposa, siempre presagia satisfacciones, cambios favorables y elevación. Si la oruga aparece en alguna cosa corrupta indica corrupción oculta.

Oscuridad: Ver Negro.

Oso: Simboliza las pulsiones instintivas, incontroladas y crueles de nuestras pasiones. También simboliza a aquellos enemigos audadaces, poderosos y crueles. Si consigue alcanzarnos nos destruirán, aunque casi siempre conseguimos escapar gracias a su torpeza. Si lo soñamos femenino y maternal se convierte en una personificación de nuestra fijación infantil sobre la imagen materna y revelan el deseo de ser acariciados, contemplados y mimados.

Ostras: Es el símbolo perfecto de la verdadera humildad y fuente de perfección espiritual. Soñar que se recogen o comen ostras, augura placeres y amistades, al mismo tiempo que se expresa el deseo y la ambición de alcanzar riquezas y posición social.

Otoño: A ciertos soñadores de edad avanzada se les hace muy difícil aceptar conscientemente que están empezando a envejecer y que se hallan en el otoño de la vida. La importancia de estos sueños es grande, pues si poco a poco logramos hacernos conscientes que la existencia tiene una evolución que irremediablemente conduce a la vejez y la muerte, cuando vayan apareciendo los achaques de la edad los aceptaremos como algo natural. Pero si esta convicción no es plenamente asumida, el final de la vida se convertirá en un infierno de desesperación.

Ovación: Si somos ovacionados, sus amigos no merecen de su confianza. Si es usted quien ovaciona indica que actúa con ligereza.

Ovejas: Soñar con un rebaño de ovejas lustrosas o paciendo tranquilamente, presagia que tendremos poderosas fortunas y posesiones. Coger a una oveja representa fortuna inmediata. Si la llevamos a hombros la fortuna será muy importante. Oír balar a una oveja augura que contaremos con protección y ayuda muy eficaces. Si el rebaño viene hacia nosotros y las ovejas se nos meten entre las piernas indica que conseguiremos el éxito pero con dificultad. Si las ovejas están muertas presagia malas noticias. Verlas perdidas, dudas e incertidumbre en nuestros asuntos.

Ovillo: El hilo simboliza todo aquello que liga entre sí a todos los estados de la existencia. Cuanto se haga en sueños con los hilos equivale a hacerlo con algún problema o asunto complicado. Los hilos de metales nobles anuncian éxitos gracias a la sutileza y diplomacia.

— P —

Padre: Suele simbolizar las relaciones intelectuales y los conflictos con el mundo externo. Representa el mundo de los mandamientos y prohibiciones. El padre es quien frena y obstaculiza la libertad y la subversión de los instintos. Si el padre aparece con una actitud severa, denuncia un complejo de culpabilidad o la inminencia de discusiones con nuestros superiores. Si en sueños lloramos por su muerte, el sentimiento de culpabilidad es aún mayor. Si lo soñamos con expresión benévola y cariñosa, tanto puede revelar una gran necesidad de protección y afecto como las buenas relaciones con nuestros superiores. Si en la edad adulta soñamos con el padre con excesiva frecuencia es un indicio de que algo no marcha bien en nuestra psique y que haríamos bien en consultar con el psicoanalista.

Página: Ver Libros.

Paja: Es un símbolo de riqueza y éxito material conseguidos gracias al trabajo perseverante. Verla en cantidad y bien almacenada augura éxito. Si se encuentra esparcida y desordenada indica que no sabemos cuidar nuestros bienes con riesgo de perderlos.

Pajarera: Si la pajarera contiene algún pájaro es un buen presagio, por lo general de amores o amistades. Si está vacía presagia penas de amor o carencia del mismo.

Pájaros: Simboliza el alma y su ansia de libertad. Ver pájaros volando por el cielo refleja impaciencia. Pájaros emigrando, deseo de cambio de ambiente. Si está enjaulado, nos vemos con la libertad limitada. Enjaulado y con un ala o pata rota o temblando de frío, indica que nuestra alma está prisionera. Ver un pájaro volar en un espacio limitado, chocando contra las paredes y finalmente posándose en nuestra cabeza revela que tenemos ideas fijas y pensamientos complejos. Si el sueño trata de una lucha con aves nocturnas, nos causará gran impresión y revela nuestra lucha contra pensamientos destructores.

Pala: Indica nuestro deseo de dedicarnos a nuestras aficiones o de completar algún trabajo que tenemos en curso.

Palacio: De hermosa construcción y con aspecto cuidado indica que sus aspiraciones se concretarán de manera inesperada.

Palanca: Indica que le ofrecerán ayuda y apoyo para resolver sus dificultades con determinación.

Palmera: Símbolo de protección material. Si vemos una o varias palmeras frondosas y robustas, mayor será la protección. Si son palmeras enclenques indicio de que estamos desvalidos. Llenas de flores o frutos fuera de temporada indica pena. Si esto ocurre en la estación correcta presagia amistad y amor. Secos indica infortunio. Con ramas rotas, enfermedad. Colmada de hojas verdes, ganancias. Subirnos a una, honores y fortuna. Caerse, pérdida del favor de nuestros superiores. Si la caída es desde poca altura, ridículo. Si en la palmera anidan pájaros, éxitos y fortuna. Si estos pájaros son negros, querrán perjudicarnos por envidia.

Palo: Ver Madera.

Paloma: Es símbolo de espiritualidad y poder de sublimación. También de amor, ternura y fidelidad. Asociada a la rama de olivo simboliza paz, armonía, esperanza y felicidad reencontrada. Si además la paloma es blanca, añadiremos candor y pureza. Si vemos una pareja de pichones su simbolismo es amoroso. Si la vemos volando es que nos trae noticias de un ser querido. Si se posa ante nosotros es que estas noticias serán tal y como esperábamos. Si intentamos cogerla y huye antes que consigamos tocarla augura un amor que no llegaremos a alcanzar.

Pan: El pan puede representar muchas cosas en un sueño, pero siempre aquellas que son de verdadera necesidad, no de lujo. Si alguna vez hemos pasado necesidad o hemos sido pobres, soñar que comemos pan solo o que lo buscamos refleja el temor a la indigencia. Si somos personas a quienes no nos falta lo necesario, el sueño se refiere a otra clase de alimento: los de naturaleza psíquica o espiritual. Si soñamos con la elaboración del pan o con su cocción, indica que confiamos en nuestras propias fuerzas y capacidades, salvo si el pan nos sale mal, en cuyo caso presagia todo lo contrario.

Pantalones: Si nuestros pantalones se los pone otra persona, revela el temor de que esta persona adquiera el papel preponderante y la autoridad que creemos nos corresponde. Si los pantalones nos quedan cortos es que tememos hacer el ridículo. Si un enfermo sueña con sus pantalones, es que empieza a sentirse mejor e inconscientemente presiente la proximidad de su curación.

Pantano: Hundirnos en un pantano presagia peligro o enfermedad. Si el cielo es plomizo y las aguas pestilentes, el presagio es peor. Si vemos vegetación y algún rayo de sol, el presagio es menos malo e indica la posibilidad de salir indemnes del peligro.

Pantera: Ver Tigre.

Pantuflas: Símbolo de libertad. Soñarnos con las pantuflas puestas y sucias indica sentimientos de culpa. Andar sin pantuflas, peligro de vernos sometidos a los demás. Vernos sin pantuflas y sin andar revela temor a la pobreza. Vernos bien calzados equivale a sentirnos libres. Soñarnos con pantuflas infantiles revela que somos inmaduros. Si la pantufla nos aprieta, aún no sabemos desenvolvernos con la libertad de una nueva situación. Si se nos rompe una pantufla presagia la pérdida de nuestra libertad.

Pañuelo: Penas afectivas. Dudas sobre la sinceridad y la profundidad de sentimientos del ser amado.

Papa (Sumo Pontífice): A veces puede indicar una verdadera aspiración al misticismo y la verdad. La mayoría de las veces se trata de que ante un problema o una inquietud moral, en el sueño recordamos a aquellos sacerdotes con los que nos hemos tropezado en la vida. En este caso el significado es el siguiente: Si somos creyentes presagia una ayuda providencial, consuelo e incremento de bienes materiales y espirituales. Si no somos creyentes, anuncia males y calamidades, salvo que nos hablen, en cuyo caso anuncia el fin de nuestros males.

Papel: Puede tratarse de una carta (ver el significado de carta), o de un libro (ver libros). En este apartado nos referiremos a hojas sueltas. Ver mucho papel escrito revela la inquietud del soñador. Si no está escrito, su color puede contener el mensaje del sueño. Ver volar hojas de papel indica que nuestras esperanzas e ilusiones carecen de solidez y no se verán cumplidas. El papel de empapelar revela el deseo de renovar nuestro hogar.

Paperas: Ver Enfermedad.

Paquete: Soñar que recibimos un paquete, representa una agradable sorpresa y la esperanza de recibir una ayuda inesperada y providencial que resuelva nuestras dificultades. Si no llegamos a abrirlo revela nuestras dudas y vacilaciones. Si lo abrimos y se encuentra vacío, o contiene algo que para nosotros carece de valor es que nuestras dudas y temores se ven confirmados y la ayuda providencial que esperábamos nunca llegará.

Paracaídas: Indica que tomará la iniciativa para introducir cambios en su vida.

Paraguas: Soñar que nos cobijamos debajo de un paraguas, revela el deseo de huir de las responsabilidades y de los reveses de la vida.

También indica que si aceptamos una protección, será a cambio de una pérdida de dignidad e independencia.

Paraíso: Este sueño lleva implícito el deseo de alcanzar cualidades sobrehumanas y vida paradisíaca, pero sin poner nada de nuestra parte para conseguirlo. Tras este sueño se esconde la tendencia a la inactividad, la fantasía y la debilidad de carácter.

Parálisis: Ver Inválido.

Parasol: La forma y el color son muy importantes. Si es cuadrado o rectangular se relaciona con los bienes terrenales. Si es redondo con los celestiales. Si nos vemos bajo un dosel presagia que gozaremos de una especial protección.

Pardo: Es el color de la tierra. Es cálido, sereno, maternal y sencillo. Si vemos el color pardo en sueños es una premonición de que llevaremos una vida natural y sencilla.

Pared: Derribarla o saltarla manifiesta el deseo de cambiar las cosas que nos son difíciles, a una situación favorable. Si nos encontramos dentro de la pared estamos protegidos y aislados de los peligros exteriores. Si se desploma al apoyarnos indica que tenemos poca confianza en nuestras protecciones. Si está en ruinas revela miedo y desconsuelo.

Parientes: Ver Familia.

Parque: Siempre que el parque tenga vegetación es un símbolo de la naturaleza ordenada, sometida y domesticada por el hombre. Siempre produce la sensación de algo oculto, íntimo y personal donde se respira paz y tranquilidad. Si su conjunto es armónico es que también lo es nuestro interior. Si no corresponde con el orden y belleza que debería es que en nosotros lo inconsciente domina sobre lo consciente. Si es árido e inculto, también lo será nuestra personalidad.

Parquet: Revela preocupación por el orden y la economía.

Parto: Hay que tener en cuenta si se espera un parto en la familia, en cuyo caso carece de significado. Este sueño nos habla de algo que se está gestando en nuestro interior, quizás algún proyecto. Es curioso que este sueño, lo mismo lo tienen mujeres que los hombres, pero en el caso de ellos por los sitios más inverosímiles como la cabeza y el pecho. Si el parto es feliz y sin contratiempos es un magnífico presagio. Por otro lado, si el parto es problemático y requiere ayuda exteriores, indicará que el proyecto se realizará con grandes complicaciones. Si el parto se malogra es que lo que esperamos abortará sin poder ser realizado.

Pasaporte: Discusiones y litigios con autoridades administrativas.

Pasos: Ver Huellas.

Pastelería: Ver Golosinas.

Pastor: Simboliza al guía, al maestro. Soñar que somos nosotros el pastor revela nuestra sana ambición de dirigir a los demás. Si el pastor es otra persona, el contexto del sueño y lo que haga el pastor es donde encontraremos la verdadera clave del mismo.

Patinar: Nos avisa que nos hallamos o hallaremos en una circunstancia difícil en la que toda cautela será poca.

Pato: Simboliza la felicidad en el amor y el destino. Con sus graznidos nos advierte que nos ronda el peligro. Si lo soñamos volando anuncia visitas o noticias. Si van nadando o volando en pareja, felicidad conyugal. Si lo comemos, beneficios y felicidad hogareña.

Patrón: Ver Presidente.

Pavimento: Ver Carreteras.

Pavo real: Simboliza la totalidad. Por otro lado simboliza también la vanidad, el orgullo y la fragilidad de las apariencias. En personas psíquicamente muy evolucionadas, indica que ha llegado a un grado de madurez espiritual en la que es preciso dar una dirección definitiva a la vida espiritual.

Pavo: Simboliza abundancia y fertilidad. Anuncia que se acerca alguna fiesta familiar.

Payaso: Ver a un payaso nos pone en guardia contra aquellas relaciones que no son dignas de nosotros. Si somos nosotros los payasos, nos advierte para que vigilemos nuestros actos y apariencias.

Paz: Será para usted el principio de profundas decepciones o errores cuyas consecuencias favorecerán a sus adversarios.

Peces: Si somos devorados por un gran pez indica que estamos en un proceso de perfección y purificación. En otras ocasiones indica un peligro real que puede causarnos pérdidas morales o materiales. Los peces pequeños que intentamos pescar con las manos y se nos escurren, reflejan el recuerdo o el temor a desilusiones sentimentales. Los peces muertos o solitarios indican amargura, desconsuelo y soledad. El pez solitario que se esconde entre las rocas, revela el deseo de escondernos donde podamos evadir responsabilidades y pesares.

Pechos: Ver Senos.

Pedestal: Si nos vemos sobre un pedestal indica nuestra preocupación por las apariencias.

Peine, peinar, peinado: Revela preocupación por nuestra apariencia. Según lo fácil o difícil que nos resulte peinarnos, serán nuestros asuntos personales en los próximos días.

Pelar: Anuncia discordias familiares.

Pelea: Suele ser una manifestación de inseguridad, de miedo ante el peligro o el presentimiento de una calamidad. También refleja el ansia de liberarnos de opresiones que no soportamos más tiempo, aunque si se llega al cuerpo a cuerpo se trata de conflictos internos. Según se solucione la pelea así ocurrirá en la realidad.

Pelícano: Simboliza la abnegación y el sacrificio.

Película: Si somos espectadores revela timidez y recelo. Si dirigimos la película indica nuestra tendencia a dominar a los demás. Si la filmamos indica que algunas veces actuamos con recelo.

Pelos: Ver Vellos.

Pelota: Es un retorno inconsciente a la niñez para huir de las dificultades y preocupaciones del presente.

Peluca: Preocupación por esconder sus verdaderas intenciones bajo aspectos benévolos.

Pena: Ver Llorar.

Pendientes: Ver Joyas.

Péndulo: Ver Reloj.

Penitencia: Augura malas noticias, contrariedades y enojos familiares.

Peñón: Ver Cumbre.

Pepinos: Esperanzas frustradas.

Pequeño: Las cosas que en sueños aparecen pequeñas cuando en la realidad no lo son, reflejan nuestra ignorancia y pequeñez. La lucha contra esto puede significar uno de los medios para alcanzar la verdadera sabiduría.

Peral: Si lo soñamos cargado de frutas simboliza la abundancia material y la fructificación espiritual. Si está seco por falta de agua o con las peras caídas, es un indicio que estamos descuidando nuestros asuntos materiales, sentimentales o espirituales. Ver las flores del peral frescas y hermosas es un buen presagio. Si las flores se están marchitando o cayendo puede presagiar enfermedad.

Pérdida: Cuando la sensación del sueño es de preocupación o de pesar por lo perdido, denota la existencia de sentimientos de culpabilidad relacionados con el simbolismo de lo perdido Si nos empeñamos en buscar lo que hemos perdido, indica ambición y codicia. Si el sentimiento es de alivio o de rechazo revela el deseo o la necesidad de desembarazarnos de lo perdido. Sentirse perdido o extraviado es una forma de sentir que en nosotros algo ha muerto, casi siempre referido a nuestra vida moral o espiritual.

Perdonar: Perdonar en sueños indica que sufriremos penas y disgustos.

Pereza: Es una advertencia para que reaccionemos y combatamos un exceso de placidez.

Perfumes: El perfume siempre se halla asociado a todos los ritos religiosos sea cual sea la religión a la que pertenezcan. El perfume evoca situaciones o personas y nos revela el alma de quien lo desprende, tanto si pertenece a otra persona como a nosotros mismos. Los perfumes suaves y agradables nos hablan de buenas personas y sentimientos. Los desagradables de gente primitiva y de malas acciones y sentimientos.

Periódico: Soñar con un periódico suele presagiar malas noticias o escándalos. Salvo que estemos leyendo los anuncios, en cuyo caso indicará que deseamos un cambio en nuestra situación social, profesional o familiar.

Perla: Simboliza el ideal, el alma y todo cuanto pueda existir puro y precioso dentro de lo impuro y perecedero. Las perlas agujereadas y unidas para formar collares pierden el simbolismo de perlas para pasar a ser cuentas, que unidas poseen el simbolismo de collar o rosario. Si la perla la soñamos sola y entera, simboliza amor, pureza e idealismo y reflejan el deseo de una relación sentimental. Si se nos rompe un collar, las perlas no pueden ser ensartadas, se escurren entre las manos o se esparcen por el suelo presagia desgracias y desolación.

Perro: Simboliza la amistad y la fidelidad. Si nos muestra afecto y fidelidad indica que estamos siendo fieles a nuestra propia naturaleza. Si nos mira suplicante o pone su cabeza sobre nuestro regazo, nos está implorando que volvamos al camino recto. Si el perro nos mira hosco con ojos encendidos de odio, nos está diciendo que negamos a los demás la lealtad que pedimos. Oír su aullido presagia muerte próxima. Su ladrido nos advierte sobre la proximidad de algún peligro. Si el perro está en peligro es que alguna relación afectiva se verá amenazada. A veces, soñar con un perro indica una necesidad de ser amados, protegidos y de tener a nuestro lado a alguien que nos dé amor y compañía.

Persecución: Perseguir a una persona indica que padecemos los inconvenientes de una decisión desacertada. Ser perseguido nos advierte para que seamos desconfiados con nuestros adversarios.

Persiana: Si está abierta anuncia circunstancias felices. Cerrada, indica que iniciamos un período de soledad y pesares.

Pesadilla: Puede tratarse de un trastorno provocado por una fuerte emoción, una fiebre alta o una enfermedad. En caso de no ser así, intentaremos analizar nuestro sueño consultando los diferentes contenidos del mismo.

Pescar: Sea lo que sea lo que pesquemos, debemos desprenderlo del anzuelo para librarnos de su existencia si es malo o para aprovecharlo si vale la pena.

Pestaña: Un acontecimiento inesperado le hará sentir una gran pena.

Peste: Consecuencias que afectarán a las personas responsables de sus intereses.

Pétalos: Si son frescos anuncia sentimientos delicados y tiernos pensamientos. Si están marchitos indica que nuestra actitud ha alejado de nosotros a una persona querida.

Petrificación: Cuando soñamos que un peligro nos atenaza y no podemos reaccionar quedándonos inmóviles, refleja que nos hemos estancado en nuestra situación actual, ya sea material o espiritual y que no podemos seguir avanzando.

Petróleo: El petróleo y la gasolina representan nuestra capacidad energética.

Piano: Ver Música.

Picadura: Si nos pican los insectos refleja que existen personas que no podemos dominar a pesar de considerarlas inferiores a nosotros.

Piedra: Simboliza la resistencia, la tenacidad y la perseverancia. Si se trata de una piedra volcánica equivale a la petrificación o endurecimiento de los sentidos. Si cae del cielo como los meteoritos se convierte en sagrada. Si se convierte en piedrecillas o en arena simboliza el desmembramiento, la disgregación, la enfermedad, la derrota y la muerte. Soñar con una extensión pétrea nos advierte acerca de nuestra dureza y esterilidad interior. Si el agua o la lluvia hacen su aparición, se verá dulcificada y disuelta. Si el terreno está cubierto de piedras, expresa nuestra resistencia al

cambio. Si decidimos caminar por encima de ellas indica que la vida nos resultará difícil y penosa. Soñar con una piedra hundida presagia enfermedad o división familiar. Si se está rompiendo presagia la muerte de algo, de la familia, de los negocios o de la propia personalidad.

Piedras preciosas: Simbolizan la transmutación de lo opaco a lo transparente, de lo imperfecto a lo perfecto y de las tinieblas a la luz. Es el mejor símbolo que pueda imaginarse del alma humana.

Piel: Por lo general este sueño refleja nuestra preocupación por la salud. Si nos vemos con arrugas refleja el temor a la menopausia y a la vejez. Las imperfecciones en la piel revelan inquietudes sentimentales, salvo que sean erupciones o manchas muy evidentes, en cuyo caso se trata de una advertencia sobre nuestro estado de salud. Si los defectos los observamos en alguien a quien conocemos, es a dicha persona a quien debemos atribuir el significado del sueño. Si no la conocemos, reflejamos en ella nuestros propios temores. Soñar con pieles de animales indica que sus bienes materiales se verán incrementados de acuerdo con el simbolismo del animal con cuya piel hemos soñado.

Piernas y pies: Si nos vemos sin piernas sin que esto nos cause dolor, significa que carecemos de suficientes conocimientos para llevar a buen término aquello que estamos planeando. Si vemos sin piernas a otra persona indica que estamos equivocados con dicha persona o que no la hemos valorado. Si la pérdida de las piernas ha sido dolorosa significa que no podremos seguir adelante con nuestros propósitos.

Pijama: Alegría en el hogar y placer de estar en casa. Intimidad afectiva.

Pilar: Indica que usted es consciente de sus responsabilidades y las asume usando los medios necesarios para ello.

Piloto: Ver Automóvil.

Pimienta: Anuncia decepciones en el medio familiar y profesional.

Pingüino: Relaciones fastidiosas que no aportan ningún beneficio a sus intereses.

Pino, piña: El pino simboliza la longevidad y la inmortalidad. La piña simboliza la permanencia, la exaltación y la glorificación.

Pintar: Revela que estamos proyectando algo, cuya realización se efectuará según la belleza del dibujo soñado.

Pinzas: Anuncia relaciones ásperas.

Piojo: Ver Insectos.

Pipa: Si nos vemos fumando en pipa revela una vida apacible y llena de bienestar. Si la pipa se rompe, este bienestar se verá empañado por problemas o rupturas con las amistades.

Pirámide: Ambiciones o proyectos que no están en relación con los medios que dispone. Sus fuerzas se agotarán al tratar de alcanzar una calidad inaccesible.

Pirata: Verlo, le advierte para que desconfíe de amigos pretendidos. Serlo, logros, éxito y confianza en sí mismo.

Piscina: Ver Estanque.

Pistola: Indica que se está gestando un complot contra el soñador. Este precavido y alerta.

Pizarras: En perfecto estado indica que le brindarán ayuda y protección. En mal estado o rotas, las preocupaciones y las obligaciones serán obstáculos para sus deseos.

Plancha: Trabajo y perseverancia. Éxito difícil.

Planeta: Los astros simbolizan el destino. Cuanto más brillantes los soñemos mejor será el presagio y todavía mejor si es un solo astro esplendoroso en el firmamento, en este caso el éxito será inmediato. Si el astro soñado es débil y parpadeante también nuestro destino será decepcionante. Soñar con astros que caen, ennegrecidos e incluso sangrientos presagian grandes desastres.

Plantas: Simbolizan la evolución material y biológica, el nacimiento perpetuo y el flujo incesante de la energía vital. Si en sueños las vemos marchitas, equivale a decir que nuestros sentimientos también se marchitan por falta de verdadero amor. Si las vemos verdes, florecientes y llenas de vida es que nuestra vida sentimental es o será plena y sana.

Plata: Si hallamos un lingote de plata o plata metálica, augura que obtendremos un beneficio importante a través de una mujer. Si el lingote o cualquier objeto de plata se halla ennegrecido, representa la posibilidad de graves pérdidas a causa de lo que simbolice dicho objeto. Si no tiene significado la pérdida, se atribuye a una mujer. Si soñamos con monedas de plata miraremos el significado de dinero.

Plátano: El plátano es un símbolo sexual masculino. Puede simbolizar fertilidad o un posible futuro embarazo.

Plato: Si está lleno indica desahogo económico. Llenarlo, su situación evolucionará conforme a sus aspiraciones. Vacío o roto, dificultades financieras.

Playa: Cuando llegamos a la playa en un barco representa que nos salvamos de un peligro. Si la vemos o llegamos a ella desde tierra y el mar está tranquilo, revela la nostalgia o la necesidad de una época de serenidad y relajación. Si la playa está muy concurrida es que deseamos una vida brillante en la que podamos lucirnos. Si la playa se encuentra llena de guijarros significa que para realizar lo que deseamos deberemos vencer numerosas dificultades.

Plomo: Refleja incomprensión por parte de su pareja. Carencia de perspicacia e errores de juicio.

Plumas: Cuando vemos volar plumas revela que nuestro espíritu es ligero, ingrávido y amante de todo lo elevado y espiritual. Si son blancas anuncian bienes y felicidad. Si son negras, aflicciones y retrasos en los negocios.

Poemas: La interpretación debe tener en cuenta el tema y el mensaje implícito en el mismo.

Policía: Si este sueño lo tenemos en nuestra juventud revela el deseo de que alguien nos ayude a dirigir nuestra vida. Si se produce a una edad madura, se trata de una advertencia para que seamos más prudentes en la selección de nuestras amistades. Si nos detienen indica un sentimiento de culpabilidad.

Poligamia: Refleja que tenemos un humor y carácter inestables. También indecisión, inconstancia e infidelidad amorosa.

Polilla: Nos anuncia que en nuestra vida se está iniciando una transformación que nos elevará en lo material y moral.

Político: Verlos indica esperanzas que no podrán realizarse.

Pollitos: Ver una nidada de pollitos revela la necesidad o el deseo de matrimonio y de maternidad. Si junto a los pollitos aparece una clueca amenazadora que no permite que nos acerquemos a ellos, es que aparecerán obstáculos y problemas que dificultarán y retrasarán nuestros deseos.

Polvo: Simboliza la muerte de algo material, un negocio o bienes.

Poste: Personas influyentes le prodigarán consejos útiles.

Postizo: Simboliza ocultación y engaño. Si somos nosotros los que llevamos puesto el postizo es que deseamos ocultar a los demás alguna característica o faceta de nuestro carácter con la que no estamos satisfechos. Si nos miramos al espejo con él puesto, indica que si pudiéramos nos lo ocultaríamos a nosotros mismos. Si son los demás los que llevan algo postizo, se trata de personas conocidas en la vida real de quienes no queremos reconocer su comportamiento hacia nosotros. Este sueño nos advierte que se está tramando algo a nuestras espaldas.

Pozo: Cuando el pozo está bien construido, descubierto y lleno de agua se convierte en símbolo de sinceridad, rectitud y dicha. Si el pozo está mal construido, sellado, el agua se seca, la cuerda se rompe o el cubo está agujereado y no puede retener agua, su simbolismo es totalmente contrario. Si en nuestro sueño nos caemos al pozo es uno de los peores presagios, salvo que alguien nos saque de él. Simboliza el sumirnos en las profundidades del inconsciente sin poder volver a la conciencia, lo que equivale a la desesperación, la neurosis y la locura.

Prado: Si es verde, florido y bien iluminado por el sol augura prosperidad y tranquilidad.

Precipicio: El precipicio representa un peligro. Si caemos en él, nos avisa de un final desastroso de cualquier índole. Si caemos pero podemos salir es que existe una posibilidad de apartarnos con muchas dificultades del desastre. Lo mismo ocurre si pasamos sobre el precipicio por un frágil puente. Si lo vemos pero no caemos en él, estamos a tiempo de evitar los males. Ver abismo.

Presidente: Encontrarlo augura que nuestras nuevas relaciones no resultarán tan beneficiosas como esperábamos. Serlo en sueños presagia esperanzas próximas de éxito.

Presupuesto: Reflexione cuidadosamente antes de tomar compromisos importantes y definitivos.

Primavera: En la mayoría de los casos este sueño aparece cuando todo parece ir mal para anunciarnos que lo peor ya ha pasado y que se acerca una nueva primavera llena de oportunidades en todas las actividades. Otras veces se trata de un sueño de recuerdos, que en realidad habla de un estado de ánimo irreal que no se adapta a las realidades de la vida.

Primo: Ver Familia.

Príncipe: Los sueños en que nos vemos convertidos en príncipes simbolizan la promesa de poder y primacía sobre los demás. Cuando este sueño se tiene más de una vez fuera de la edad natural (la juventud), significa que somos románticos o que tenemos añoranza del pasado.

Prisionero: Ver Cárcel.

Procesión: En estos sueños es muy importante recordar y analizar el sentido de nuestro caminar y si alguien nos acompaña. Al ser un recorrido más o menos circular, adopta también el significado de una petición de protección y un deseo de perfección.

Profesor: Verse enseñando indica que sus consejos y su saber son buscados por los suyos. Recibir una enseñanza, su falta de decisión será desfavorable para su situación.

Propietario: Serlo, indica que la prisa por resolver sus problemas le hace descuidar lo esencial. Si lo es otra persona, anuncia cambios de perspectiva que le defraudarán.

Propina: No desdeñe los pequeños consejos que podrían ayudarle a evitar algunos trastornos.

Prostituta: Usted no gozará de la confianza total de la persona amada. Sufrirá crueles decepciones.

Protección: Ofrecer protección a alguien indica que será muy querido por sus amistades. Pedir protección, cuenta con apoyo de sus amistades para resolver sus problemas.

Proyectil: Circunstancias imprevistas que le serán penosas si la explosión provoca estragos.

Proyector: Ver Película.

Puente: Refleja que nos hallamos enfrentados a una situación conflictiva cuya única salida la simboliza un puente. Si en lugar de atravesarlo lo miramos y no nos decidimos a cruzarlo, indica que nuestra situación se irá deteriorando. Soñar con un puente en un paisaje veraniego es para estar contentos. Si se trata de un puente desvencijado, construido con materiales inverosímiles o muy estrecho indica que tememos por nuestro porvenir. Y todavía peor si hace su aparición la noche o el hielo. Si caemos desde el puente a un río es que seremos arrastrados por nuestras pasiones o instintos. Si nos caemos en un abismo simboliza la perdición. Si nos detenemos mientras cruzamos y no llegamos al otro lado o volvemos atrás, el pronóstico es incierto por no decir malo.

Puerco: Ver Cerdo.

Puercoespín: Presagia luchas, persecuciones y decepciones.

Puerta: Una puerta abierta en sueños es una invitación a franquearla. El paisaje que se percibe a través de ella nos dirá si la crisis que pasamos es para bien o para mal. Una puerta abierta es como una luz en las tinieblas. Si la puerta es muy baja, muy estrecha y tenemos dificultades para pasar por ella indica que la solución a nuestra crisis impone algunos sacrificios. Si la puerta está cerrada y no se abre cuando llamamos, es que todavía no ha llegado el momento de la solución definitiva.

Puerto: Llegar a un puerto indica el final feliz de un viaje, la conclusión de una etapa de la vida y la estabilización de una situación. Si partimos de viaje, el sueño nos indicará de dónde partimos y en qué condiciones lo hacemos. Si soñamos con un puerto sin iniciar ningún viaje, refleja un deseo de evasión pero sin decidirnos a hacerlo.

Pulgas: Siempre se trata de pequeñas molestias, a veces reales y otras imaginarias.

Pulmones: De constitución perfecta, sanos y vigorosos indica éxito en sus actividades. De constitución débil, mala suerte e incertidumbre.

Pulpo: Simbolizan a los espíritus infernales o a sus representantes entre nosotros. Soñar con pulpos es un mal presagio. Puede tratarse de un íntimo deseo y necesidad de deshacernos de alguna persona insoportable que intenta acapararnos. También puede indicar que somos capaces de pasar por lo que sea con tal de conseguir nuestros propósitos.

Puñal: Simboliza el deseo de agresión y la amenaza inconsciente. Por su tamaño veremos la altitud de miras de quien lo usa.

Puño: El puño cerrado siempre es una amenaza y una manifestación de violencia.

Purgatorio: Mala suerte y desgracia. Condiciones de vida contrarias a sus deseos.

Púrpura: Es un color rojo oscuro, algo morado, que simboliza la dignidad, el triunfo, los honores y a veces la felicidad amorosa.

Putrefacción: Ver materias putrefactas significa la destrucción de restos mentales que se han convertido en un obstáculo para nuestro avance intelectual o evolución espiritual.

— Q —

Quebrar: Si quebramos algún objeto que significa servidumbre o dependencia, equivale a la liberación de dichas sujeciones. Soñar que un objeto se quiebra y se desparrama por el suelo indica la pérdida definitiva de un afecto. Quebrar una espada significa triunfo sobre nuestros enemigos (si la espada es de ellos) o nuestra propia pérdida (si es nuestra). Quebrar un collar significa nuestra liberación de otra persona.

Queja: Presagia próximas dificultades que influirán negativamente sobre sus afectos y finanzas.

Quemaduras: Si soñamos con quemaduras en nuestro cuerpo o con el dolor que producen, lo primero que debemos hacer es descartar que se trate de una enfermedad. En caso de no ser así, las quemaduras siempre presagian disputas o cóleras que pueden desencadenar la pérdida de bienes o de amistades.

Querubín: Ver Ángel.

Queso: Indica que sus recursos tendrán el nivel adecuado como para permitirle contemplar el porvenir con serenidad. Si el queso se halla en mal estado o tiene mal sabor, augura inconvenientes de dinero.

Quimeras y monstruos: La quimera es un monstruo mitológico de cabeza de león, cuerpo de cabra y cola de dragón. Su cabeza simboliza las tendencias dominadoras que corrompen toda la relación humana. Su cuerpo simboliza la sexualidad caprichosa y perversa. Su cola de dragón, la perversión espiritual de la vanidad. Este sueño denota que tenemos una imaginación desmesurada e incontrolada que puede llegar a ser peligrosa.

Quiosco: Novedades por las cuales se impondrá una elección según la importancia y la urgencia que usted mismo determine.

Quiste: Ver Enfermedad.

— R —

Rábanos: Preocupaciones diversas de poca importancia, pero lo suficientemente irritantes como para alterar sus actividades.

Rabia: Las malas intenciones y los actos malévolos de quienes le rodean, provocarán un clima pasional que perjudicará sus asuntos.

Radar: Su juicio perspicaz unido a la determinación de sus acciones, le harán evitar las trampas y obstáculos a las que se verá enfrentado.

Radio: Recibirá noticias susceptibles para modificar su posición.

Radiografía: Una persona de nuestro entorno que nos aprecia, nos revelará hechos cuya gravedad ignorábamos.

Rama: Las ramas de olivo y de palmera del Domingo de Ramos son las que mejor simbolizan el triunfo de la vida y del amor. Soñar con una rama verde encendida y llameante significa la perennidad del amor aunque hayamos perdido la esperanza.

Ranas: Simboliza lo repugnante y lo molesto. Presagia una vecindad inoportuna y desagradable que deberemos soportar sin poder hacer nada. Si además la rana croa, se añade el peligro de habladurías y murmuraciones.

Raptar: Ser raptado indica mala suerte en los negocios. Raptar a una persona desconocida, peligro cercano para sus actividades. Raptar a una persona amada, éxito en el campo afectivo. Asistir a un secuestro, acontecimientos imprevistos le sorprenderán.

Raqueta: Presagio favorable para sus ambiciones gracias al apoyo de sus amistades.

Rascar: Los resultados obtenidos en su trabajo crean envidias y celos en su entorno.

Rasguño: El que hace el rasguño es quien desea perjudicar al alguien, mientras que el que recibe el rasguño será el perjudicado.

Rastrillo: Usted reúne todas las condiciones para tener éxito.

Rata y ratón: Las ratas y ratones son los transmisores de desasosiegos y representan todo aquello que nos roe por dentro y nos intranquiliza. La diferencia entre los sueños de ratas y los de ratones reside en la gravedad de su significado, siendo mayores en las ratas que en los ratones.

Rayo: Simboliza el poder creador y destructor de la divinidad. La intervención súbita del cielo sobre nuestro destino. Indica un súbito desquiciamiento de la situación y la transformación brutal de nuestra vida, que puede ser para bien o para mal.

Rebaño: Simboliza la necesidad de sentirse rodeado por otros seres de la misma especie. Si vivimos en la ciudad revela la necesidad de formar parte integrante de un grupo, ya que se siente solo e indefenso y tiene miedo al futuro en soledad. Si vivimos en el campo es un sueño de riqueza que será proporcional a las dimensiones del rebaño.

Rebuzno: Noticias desagradables y rumores chocantes.

Receta: Presagia una próxima solución de sus dificultades y una mejora en sus condiciones de vida.

Recibo: Preocupaciones por dinero. Apremios financieros importantes e imprevistos.

Recipiente: Lleno y sobre el fuego augura noticias interesantes. Vacío o sin usar indica falta de seguridad.

Recompensa: Recibirla indica una gestión acertada de sus negocios. Darla, los vínculos afectivos se fortalecerán.

Reconciliación: Será para usted el principio de profundas decepciones o errores cuyas consecuencias favorecerán a sus adversarios.

Red: Debatirse dentro de una red significa sentirse aprisionado e indefenso en una situación difícil por un vínculo sentimental o por un vicio/costumbre de la cual se desea salir. Si no salimos de ella indica que nos hemos resignado. Si estamos pescando, lo que intentamos es retener son los recuerdos y sentimientos. También el pescar puede indicar el deseo de profundizar en nosotros mismos para descubrir nuestro más íntimo ser y procurar mejorarlo. Si se nos rompe la red dejando escapar todo lo que hemos capturado, revela el miedo a perder lo que habíamos conseguido. Soñar que reparamos una red es el ansia de impedir o de remediar un error, una imprudencia o una falta cometida, que podría ser un peligro para la continuidad de dicho afecto. Hay sueños en los que intentamos cazar pájaros y la atmósfera y sentimientos que despiertan en nosotros no dejan ninguna duda que se trata de un sueño místico.

Refresco: Presagio de paz y tranquilidad en medio de penurias y pesares.

Regalo: Recibirlo indica preocupaciones y algunas dificultades financieras. Ofrecerlo, pasaremos por un período feliz y alegrías del corazón.

Rehén: Ver Raptar.

Reina: Simboliza a los padres o a aquellas personas poderosas de las que dependemos. Si nos soñamos a nosotros mismos como reyes o reinas es que hemos alcanzado el punto culminante de nuestra existencia. También se trata de una manifestación de nuestra incontrolada ambición.

Reja: Presagia un obstáculo o dificultad que nos veremos obligados a superar y que serán proporcionales a la robustez de la reja.

Rejuvenecer: Este sueño es típico de quienes no se resignan al declinar de su vida y posibilidades. Corremos el riesgo de caer en situaciones y comportamientos impropios de nuestra edad que en los demás sólo inspirarán risa o lástima.

Relámpago: Signo del poder creador y destructor de la divinidad. Cuando en el sueño a la vez que relámpagos existe lluvia, adquiere un poder fecundador que limpia y purifica. El relámpago con su luz cegadora nos hace mirar hacia nuestro interior.

Religión: Este sueño indica que usted aspira a mejores principios morales y a relaciones humanas más acordes con su nivel de exigencia.

Religioso: Ver Cura.

Reloj: Simboliza el ritmo y el transcurrir de nuestra vida. Ver en sueños un reloj parado, augura que se ha detenido nuestra evolución o que a su dueño se le ha terminado la cuerda, es decir, su tiempo de vida. Si el reloj se atrasa, nos advierte que debemos acelerar nuestro ritmo de trabajo sino queremos vernos superados por los acontecimientos. También indica que debemos tomarnos las cosas con más calma si no queremos ver en peligro nuestra salud y nuestra vida. Si giran locamente las manecillas, o si miramos constantemente al reloj revela nuestra angustia ante el ritmo de vida que llevamos. Si funciona bien y nos llama la atención la hora que señala, el significado del sueño depende de su contexto y de la hora marcada. Por ejemplo, si creemos que todo ha terminado para nosotros y vemos el reloj marcando las doce del mediodía nos dice que se inicia una nueva etapa llena de oportunidades, pues nos queda mucha vida por delante.

Remar: Si los remos están en buen estado, anuncia que sus asuntos se resolverán positivamente después de numerosos sacrificios. Si están deteriorados, tendremos retrasos en nuestros proyectos. Si están rotos, mala suerte.

Remendar: Indica que su situación seguirá siendo poco envidiable y deberá tomar una orientación más favorable a sus expectativas.

Remolcar: Ayuda y socorro en negociaciones largas y difíciles.

Remolino: Todo movimiento giratorio es una representación del tiempo y su evolución. En el caso del remolino se acelera tanto, que la evolución es imposible de controlar y se halla dirigida por fuerzas superiores a las nuestras. El remolino nos advierte que hemos establecido una relación amorosa acelerada y amenaza con arrastrarnos al desastre.

Remos: Buenos augurios para el porvenir.

Renuncia: Presagia una separación o ruptura que no será dolorosa y que se convertirá en una liberación.

Reptiles: Simbolizan lo más primitivo, lo más voraz y lo más rastrero que pueda existir en nosotros, es decir, los bajos instintos. La sangre fría de un reptil simboliza la falta de sentimientos cálidos y elevados. Si somos devorados por un reptil revela que la vida instintiva se está apoderando de nuestra voluntad, convirtiéndonos en víctimas de los bajos instintos. Si luchamos y vencemos al reptil, revelará la lucha que estamos sosteniendo para dominar nuestros bajos instintos. (Caso aparte son las serpientes y las tortugas.)

Resbalar: Este sueño denota inseguridad, miedo y angustia. Nos advierte que hemos entrado en un terreno resbaladizo que nos puede llevar a la ruina. (Ver también Caer.)

Rescatar: Siempre indica que deberemos realizar un esfuerzo superior a lo normal para lograr salir de una situación que nos disminuye moral, física o económicamente.

Resfriado: Ver Enfermedad.

Respiración: Respirar con facilidad indica que disponemos de condiciones particularmente positivas para la evolución de nuestros asuntos. Si lo hacemos con dificultad, pasamos por penosos momentos de incertidumbre y angustia.

Restaurante: Ver Comer.

Retraso: Llegar con retraso a la estación y perder el tren, significa que por nuestra culpa en la vida real estamos perdiendo oportunidades de mejorar. Si el tren llega con retraso y nos vamos sin esperar a que llegue, dejamos perder una ocasión por culpa de nuestra precipitación e impaciencia. (También ver Tren.)

Retrato: Contemplar con nostalgia viejos retratos revela que nos estamos anclando al pasado. Si estamos retratando a una persona indica que tiene para nosotros un interés particular. Si contemplamos un retrato nuestro, revela cómo somos o cómo desearíamos ser.

Retroceder: Indica desacuerdos con personas influyentes que tienen derecho a opinar sobre la gestión de sus negocios.

Retrovisor: Este sueño lo mismo puede reflejar cómo somos, que cómo desearíamos ser, o darnos una imagen distorsionada de la realidad. Si la sola visión del espejo nos produce desasosiego, revela nuestro miedo a vernos como tememos ser. Si la imagen reflejada es mejor que la realidad, revela en nosotros autocomplacencia y narcisismo. Si la imagen es desagradable se trata del mismo sueño que revela nuestro miedo. Si el espejo aparece roto o se rompe, hay que esperar alguna desgracia. Igualmente ocurre si en lugar de nosotros refleja a otra persona. Si vemos el espejo sin temor o sensación desagradable y está empañado o sucio, presagia desgracias de escasa importancia. Si está limpio y brillante significa que lo malo que temíamos en la vida real no llegará a producirse.

Reunión: Presagia dificultades imprevistas que provocarán que sus proyectos no se hagan realidad.

Revolver: Indica que se ha iniciado un complot contra el soñador. Peleas a su alrededor.

Rey: Simboliza a los padres o a aquellas personas poderosas de las que dependemos. Si nos soñamos a nosotros mismos como reyes es que hemos alcanzado el punto culminante de nuestra existencia. También se puede tratar de una manifestación de nuestra incontrolada ambición.

Rezar: Cuando rezamos en sueños es que en nuestro interior nos sentimos culpables de algo que de día no queremos reconocer. También puede revelar que nos hallamos en una situación comprometida de la que no sabemos cómo salirnos y para ello esperamos una intervención milagrosa que nos saque del apuro.

Rinoceronte: Sus rivales se mostrarán agresivos y violentos.

Riñones: El corazón simboliza la sede del poder y de la fuerza. Lo que acontezca a nuestros riñones en sueños es una premonición de lo que le ocurrirá a nuestra resistencia física o moral.

Río: Simboliza nuestra existencia. Si baja manso simboliza riqueza y bienestar. Si se desborda y arrasa furioso todo lo que encuentra en su camino, presagia desgracia y hambre. Si sus aguas son cristalinas simboliza la pureza y la felicidad. Turbias y enlodadas presagia sentimientos impuros y es causa de pesares. Cuando el río fluye indica que una corriente de energía y de sentimientos fluye también por nosotros. Si nos limitamos a ver cómo fluye el río, refleja que estamos dejando perder las energías y los sentimientos sin aprovecharlos.

Riqueza: Suele tratarse de una huida de mediocridad o pobreza en la vida real. A veces puede significar que no nos resignamos y el sueño nos impulsa a luchar por conseguir esta riqueza.

Risa: Si vemos que se ríen personas desconocidas indica que seremos objeto de burlas. Si los que nos reímos somos nosotros, indica que no somos conscientes de que existen problemas de los que somos causantes.

Rival: Indica que en nuestro interior estamos creando sentimientos inamistosos contra otra persona.

Robar: Cuando nos roban lo que nos sustrae o nos amenaza es el orden y la paz interna. Cuando el ladrón somos nosotros, se trata de un consuelo que nos damos por algo que en la realidad no podemos conseguir.

Roble: Simboliza el poder y la fortaleza. Si lo vemos de un tamaño grande y con mucho follaje indica que los beneficios y la calidad de la protección serán grandes y abundantes. Si lo soñamos enclenque, sin follaje o muerto indica la pérdida de un protector o la debilidad de nuestro carácter.

Roca: Simboliza la resistencia, la tenacidad y la perseverancia. Si se trata de una roca volcánica, equivale a la petrificación o endurecimiento de los sentidos. Si cae del cielo como los meteoritos, se convierte en sagrada. Si se convierte en piedrecillas o en arena simboliza el desmembramiento, la disgregación, la enfermedad, la derrota y la muerte. Soñar con una extensión pétrea nos advierte acerca de nuestra dureza y esterilidad interior. Si el agua o la lluvia hacen su aparición, se verá dulcificada y disuelta. Si el terreno está cubierto de rocas expresa nuestra resistencia al cambio. Si decidimos caminar por encima de ellas indica que la vida nos resultará difícil y penosa. Soñar con una roca hundida presagia enfermedad o división familiar y si se está rompiendo presagia la muerte de algo, de la familia, de los negocios o de la propia personalidad.

Rocío: Simbólicamente tiene un carácter sagrado. Se considera como una bendición celeste. Es uno de los mejores presagios de suerte y fecundidad.

Rodillas: Soñar que nos arrodillamos ante alguien indica nuestra sumisión e inferioridad social ante dicha persona. Si nuestras rodillas son débiles, despellejadas o rotas, presagia una pobre situación social en que nos hallamos o a la que llegaremos.

Rojo: Es el color de la sangre, del fuego, de la pasión, de la guerra, de los sentimientos y de la sexualidad. Cuando en nuestros sueños domina el rojo es que el alma está dispuesta a la acción.

Romper, rotura: Si rompemos algún objeto que significa servidumbre o dependencia, equivale a la liberación de dichas sujeciones. Soñar que se rompe un vaso lleno de agua y ésta se desparrama por el suelo, indica la pérdida definitiva de un afecto. Romper una espada significa triunfo sobre nuestros enemigos (si la espada es de ellos) o nuestra propia pérdida (si es nuestra). Romper un collar significa nuestra liberación de otra persona.

Ron: Promesa de una mejora notable en sus relaciones.

Ropa: Soñar con ropa refleja deseos de elegancia, notoriedad y éxito con el sexo contrario. Si estamos correctamente vestidos de acuerdo con nuestra profesión, indica que estamos bien adaptados a la vida social y profesional. Si nos vemos mal vestidos indica una mala adaptación. Con un vestido relacionado con una profesión que no es la nuestra, mala adaptación profesional. Si es impropio de nuestra edad, falta de madurez. Excesivamente anticuado, excesivo apego a prejuicios ya caducos. Demasiado fantasioso, exceso de vanidad. Si está sucio, indica desagrado por alguna acción que hemos cometido y nos parece impropia de nuestro código moral.

Ropa interior: Si soñamos con ropa interior del sexo contrario, indudablemente posee connotaciones sexuales. Las prendas íntimas del propio sexo, en los hombres revela timidez o temor a las consecuencias del autoerotismo. En las mujeres, lo mismo puede ser tomado como una prenda más de vestir, como reflejar timidez, el temor a las relaciones sexuales, el deseo, o el temor a la maternidad.

Rosa: Es símbolo de finalidad, de logro absoluto y de una perfección que en sí misma encierra algo de sacrosanto. Su corola simboliza la riqueza del alma. La constitución y distribución de sus pétalos, la suma perfección. La delicadeza y variedad de sus colores, la infinitud de los sentimientos. Las rosas blancas simbolizan pureza e inocencia. Las rojas, el amor apasionado. Azules, el amor imposible e inalcanzable. La rosa de oro, la realización absoluta. En una chica joven soñar que contempla rosas pero sin atreverse a cogerlas por temor a las espinas, revela temor a las relaciones sexuales.

Rosario: Este sueño nos advierte para que vigilemos nuestra libertad e independencia. Si en sueños reconocemos a quien nos da el rosario, será dicha persona de la que provendrá el peligro. Si no reconocemos a quien nos lo da, el peligro proviene de nosotros mismos, de nuestra vanidad o sensualidad. Si somos nosotros quienes regalamos el rosario, indica que deseamos a esta persona como pareja o por sensualidad. A esto podemos añadir el significado del material del que esté fabricado el rosario.

Rostro: Ver Cara.

Rubí: Simboliza la intensidad de la vida y del amor. Nos augura un intenso y apasionado amor que nos colmará de felicidad.

Rueda: Ver Neumático.

Ruinas: Suele tratarse de sentimientos, ideas y circunstancias vividas que ya están muertas, pero que nos producen melancolía. Si se trata de un monumento, un templo o una ciudad de la antigüedad que en sueños aparece en perfecto estado, presagia inmortalidad para nuestras ideas o nuestras obras.

Ruleta: Revela el deseo de una vida mejor, la debilidad de carácter y la falta de coraje para conseguirlo. Si apostamos y perdemos refleja el temor a la desgracia y el infortunio.

Ruta: Ver Camino.

— S —

Sábanas: Ver Cama.

Sable: Ver Espada.

Sacerdote: Ver Papa (Sumo Pontífice).

Saco: Lleno, indica abundancia y riqueza. Deteriorado, sus proyectos se realizarán con mucho esfuerzo. Vacío, pobreza y miseria.

Sal: Soñar con sal nos aconseja que para ser realmente felices lo que debemos atesorar son bienes espirituales. Soñar con una extensión salada expresa lo estéril de nuestro mundo interior al igual que cuando se derrama sal. Ofrecer o recibir sal significa que contamos con sólidas amistades y eficaces apoyos.

Salario: este sueño anuncia que algunos conocidos abusarán de su confianza.

Salchicha, salchichón: En este sueño lo que debemos tener en cuenta es su color. Si es blanquecino indica alegría. Negro, penas. Rojizo, pasión.

Salero: Si el salero se nos cae dejando derramar sal, expresa lo estéril de nuestro mundo interior.

Saliva: Decepción de los amigos. Fracaso en sus asociaciones.

Salmos: Ver Rezar.

Saltamontes: Simbolizan las plagas, invasiones devastadoras y los suplicios morales y espirituales. Si únicamente vemos un saltamontes presagia ligeras e insignificantes molestias. Si los soñamos en cantidad, siempre anuncian desastres materiales, morales o espirituales.

Saltar: Saltar es un buen presagio siempre que se salte hacia arriba, con pértiga o sin ella. Con pértiga indica que recibiremos ayuda de los demás. Cuando el salto no es deportivo, la naturaleza de los obstáculos o peligros nos vendrá explicada con el nombre de lo que saltamos. Si nos vemos obligados a saltar significa que nos veremos en una situación difícil. Si debemos saltar y no nos atrevemos a hacerlo, revela nuestro temor a cometer una imprudencia.

Salvaje: Simboliza el lado inferior y regresivo de nuestra personalidad. Revela temor a seguir adelante y el íntimo pensamiento de que quizá sería mejor no aventurarnos. Es una buena advertencia.

Salvar: Se beneficiará de la ayuda y asistencia de una persona cuyos consejos serán sumamente valiosos.

Sandalias: Ver Zapatos.

Sandía: Simboliza la fecundidad nuestra o del proyecto que tenemos entre manos.

Sangre: Simboliza la vida y los sentimientos elevados, aunque revela miedo a las enfermedades y accidentes. Si la sangre aparece roja y viva sin despertar sentimientos desagradables, presagia prosperidad material acompañada de disputas, riñas y violencias.

Santo: Auguran el fin de todos los problemas que en estos momentos atormentan al soñador. En un sentido espiritual, el sueño refleja nuestra entrega al Supremo. Si los santos están tristes, amenazadores o furiosos, el cambio es para mal y en un sentido espiritual reflejan nuestros temores e inseguridades.

Sapo: Ver Rana.

Sarampión: Ver Enfermedad.

Sarcófago: Significa el fin de una dependencia moral o material, salvo que estemos arrodillados ante él, en cuyo caso augura penas.

Sartén: Llena y sobre el fuego augura noticias interesantes. Vacía o sin usar indica falta de seguridad.

Sauna: Problemas de salud persistentes y molestos.

Saxofón: Disputas, decepciones y tristeza.

Secretaria: Indica ayuda y apoyo en sus gestiones.

Secreto: Le revelarán informaciones confidenciales de gran importancia que deberá mantener en secreto.

Secuestrar: Ver Raptar.

Sed: Casi siempre refleja una necesidad real. Si no es así, simboliza una ardiente aspiración de tipo místico o religioso, salvo si nos vemos obligados a beber agua turbia o caliente, en cuyo caso revela decepciones, desengaños y resignación ante lo inevitable.

Seda: Tiene connotaciones eróticas evidentes. Si la prenda soñada es íntima y pertenece al mismo sexo del soñador, indica nuestro narcisismo. Si la prenda es del sexo contrario, nos dice que somos fetichistas. Si la seda es blanca, nos habla de esperanzas matrimoniales. La negra, de un erotismo morboso. Los colores chillones nos dicen que al simbolismo propio del color, debemos añadir el deseo de atraer la atención de los demás.

Seducir: Próximas contrariedades afectivas.

Sello: Malas noticias comunicadas por una persona influyente que actúa por cuenta de un organismo oficial.

Sembrar, semilla: Simboliza los ritmos de alternancia de la vida y la muerte. La semilla es la vida en potencia y sembrar es convertir lo potencial en realizaciones y hechos manifiestos. Sembrar siempre simboliza creatividad que puede referirse a los hijos del soñador como a sus bienes, negocios, creaciones personales, sentimientos y cuanto pueda ser una creación o algo que nace y debe crecer.

Sendero, senda: Ver Camino.

Senos: Es un símbolo de maternidad, de dulzura y seguridad. Se asocia a imágenes de intimidad, de ofrenda y de refugio. Siempre que el sueño concuerde con los sentimientos antes descritos significará: en el caso de soñarlo una mujer, fecundidad o preñez. Para un niño, protección y seguridad. Para un hombre, amor e intimidad. Si los sentimientos son tristes o melancólicos revelan nostalgia de la infancia y el pasado. En pocas ocasiones puede tratarse de un sueño erótico.

Sepultura: Ver Tumba.

Sermón: Ver Rezar.

Serpiente: El significado más frecuente es de carácter sexual, especialmente si los soñadores son jóvenes. También simboliza sabiduría y poder curativo. Ver una serpiente dormida indica que nuestras fuerzas instintivas están dormidas. Si se despierta y se desliza sin producirnos temor, revela deseos de una evolución espiritual. Soñar con piel de serpiente indica que un profundo cambio evolutivo está próximo. Si aparecen serpientes venenosas, lo que indica es el temor a encontrarnos en situaciones embarazosas.

Sexo: La mayoría de las veces son el reflejo de necesidades reales insatisfechas. Si el sueño adquiere connotaciones morbosas indica el cansancio por una vida sexual monótona. Si este tipo de sueños no se tienen nunca indica falta de interés por estos temas y aconsejan una consulta a nuestra propia conciencia.

Sierra: La sierra simboliza la tentación de finalizar radicalmente situaciones o conflictos, casi siempre de tipo familiar, de trabajo o de intereses. Si nos vemos aserrando una hamaca, indica que en nosotros existe un exceso de indolencia y pasividad. Si se trata de un árbol indica que perderemos una protección. Si es otra persona quien lo corta indica que esta protección la perderemos por causas ajenas a nosotros.

Silencio: Si nuestro sueño se acompaña de un silencio sobrecogedor, indica un sentimiento de culpabilidad sobre el tema del que trate el sueño. Si nos hallamos rodeados de gente que nos observa insistentemente, revela que lo que temardimos es la indiferencia de los demás.

Sirenas: Simbolizan las emboscadas que nos tienden los deseos y las pasiones. Este sueño revela la ilusión de una pasión imposible y nefasta.

Sirviente: Vernos rodeados de sirvientes presagia que recibiremos una visita que nos halagará. Cuidado con los amigos aduladores.

Sobrino/a: Ver Familia.

Sol: Simboliza la energía, la luz, el calor, la vida, la irradiación y el brillo, es decir, todo lo bueno. Soñar con un sol naciente indica el inicio de una creciente felicidad y prosperidad. Si es claro y esplendoroso anuncia abundancia, éxito, prosperidad, salud, energía interior y capacidades físicas y mentales. Un sol oscurecido, sin brillo o negro representa un grave peligro para la vida, los negocios y la felicidad. El sol oculto por las nubes revela tristeza, preocupaciones y miedo.

Soldados: Simbolizan el deber y las obligaciones a los que nos somete la sociedad. Este sueño suele revelar que estamos sometidos a alguna forma de coacción de la que deseamos liberarnos. Si somos jóvenes y el sueño no resulta desagradable, denota un deseo de integrarse en la colectividad y atenerse a sus normas. Si el sueño se acompaña de una sensación angustiosa por llevar el uniforme incompleto, mal puesto o en actitud indisciplinada, se refiere a que en nuestra vida nos vemos sujetos a coacciones de tipo profesional, familiar o social difícilmente soportables. Si el clima del sueño es agradable, se trata de nuestra supeditación y obediencia a una ley superior que surge de nosotros mismos. Si no somos nosotros el soldado, ni los vemos como individuos aislados, sino armados y marchando en formación, revela la existencia de algún peligro que amenaza nuestra independencia o seguridad personales.

Soltero: Puede tratarse de la preocupación por independizarse.

Sombra: Estar bajo la sombra de un árbol indica nuestra falta de coraje y firmeza. Abandonar un lugar sombreado revela decisiones acertadas e iniciativas provechosas. Ver su propia sombra, preocupaciones y penas. Ver la sombra de personas extrañas, temores injustificados.

Sombrero: Alguna vez se ha dado el caso de soñar con el sombrero como símbolo sexual masculino por su potencia y como medio preventivo de embarazos. Exceptuando este caso, el sombrero generalmente se refiere a un signo de distinción del carácter social ligado con las ideas o el comportamiento de quien lo sueña. Si llevamos un sombrero ridículo, revela que en nosotros existe alguna actitud ridícula que todos conocen menos nosotros. Vernos con una gorra militar revela un sentido autoritario fuera de lugar. Un sombrero de copa es signo de una desmesurada presunción y pretensiones.

Sombrilla: Es un signo de protección y dignidad. La forma y el color son muy importantes. Si es cuadrada o rectangular se relaciona con los bienes terrenales. Si es redonda, con los celestiales. Si nos vemos bajo una sombrilla presagia que gozaremos de una especial protección.

Sonreír: Feliz entendimiento entre los miembros de la familia o amigos.

Sopa: Tomar sopa augura felicidad en el hogar.

Soplar: Soplar para avivar un fuego, expresa la esperanza de mantener viva la llama de un amor, un ideal o una amistad. Soplar para apagarla denota el deseo y la necesidad de terminar con una relación que se está haciendo insostenible.

Sordera: Indica el deseo de no oír. Si los sordos somos nosotros indica que nos negamos a seguir los consejos que se nos dan. Si el sordo o la sorda es otra persona, es ella quien rechaza nuestros consejos.

Sortija: Ver Anillo.

Sótano: Simboliza nuestro inconsciente. Si está limpio y ordenado indica que nuestro mundo interior es rico y ordenado. Si está sucio, desordenado y lleno de trastos inútiles igual encontraremos nuestro inconsciente. Si está bien surtido presagia alegría y regocijo.

Subir: Ver Cumbre.

Submarino: Indica que vivirá una situación muy delicada. Para proteger sus intereses deberá actuar de manera decisiva y eficaz.

Subterráneo: Siempre se trata de un mal sueño que indica que se está atravesando una situación de pesimismo y desconfianza en el porvenir, salvo si logramos salir, en cuyo caso augura un período de prueba o dificultades antes de lograr una nueva y mejor situación.

Suciedad: Si en sueños nos vemos sucios refleja un sentimiento de culpabilidad o la advertencia de que nos amenaza un peligro, ya sea físico o moral. Si vemos sucia a otra persona y la conocemos, será ella quien corra peligro, pero si es una persona desconocida indica que un peligro se cierne sobre nuestro medio ambiente. Si soñamos sucio un objeto o un animal, lo que se halla en peligro es lo que simbolizan en el sueño este animal u objeto.

Suegro: Ver Familia.

Sueño: Si en sueños nos vemos dormidos revela nuestra falta de atención. Somos demasiado negligentes en la vida real.

Suicidio: Es un sueño muy poco frecuente que suele revelar la necesidad de reformar una zona de la propia personalidad o la existencia de un serio pesimismo. En cualquier caso el sueño nos aconseja acudir al psicoanalista.

Sur: Dirigirse hacia el sur en sueños simboliza el bajar al infierno.

— T —

Tabaco: De liar indica contrariedades y preocupaciones. En polvo (rapé), placeres refinados pero ilusorios.

Taberna: Sea prudente con sus relaciones, le pueden perjudicar.

Tabla: Ver Madera.

Talco: Salud deficiente. Palabras duras hacia personas de su entorno.

Talismán: Consuelo moral, ayuda y protección.

Taller: Ver Máquina.

Tambor: Anuncio de cambios importantes que modificarán sus condiciones de vida.

Tarántula: Presagio desagradable. Ha cometido alguna indiscreción que le llevará a trampas o engaños.

Tarot: Inquietudes sobre su destino. Interrogantes sobre ciertas decisiones que teme adoptar.

Tartamudear: Indica que tenemos dificultades para tomar decisiones acarreándonos problemas.

Tatuaje: Es una definición de propiedad. Quien se hace marcar a sí mismo con un tatuaje es que desea mostrar su dependencia de aquello a lo que alude el tatuaje.

Taxi: Viajar en taxi implica un cambio en nuestra vida en el que nuestras iniciativas se hallan cortadas. Podemos participar activamente en nuestro propio destino. Si vemos un taxi indica que recibiremos una proposición que puede significar un cambio en nuestra vida, pero que todavía no estamos decididos a aceptarlo.

Taza: Relaciones afectivas felices.

Té: El arreglo de un asunto delicado exigirá diplomacia, cortesía y paciencia.

Teatro: Ver Película.

Techo, tejado: Si es deprimente, podemos decir que tiene una interpretación negativa de cerrazón e involución. Si es un sueño optimista indica seguridad y protección. El tejado también se puede asimilar en sueños a la bóveda craneal. Por lo cual, lo que le ocurra al tejado es lo que acontece en nuestra cabeza. A veces revela algún trastorno psíquico incipiente que conviene vigilar.

Tejer, tejido: Ver tejer en sueños o ver una gran cantidad de tejidos presagia prosperidad, riqueza y fertilidad. Si los tejidos quedan destruidos o deteriorados, presagia desgracia y pérdida de bienes. Soñar que queremos tejer y no podemos o no sabemos, revela incapacidad creadora o infertilidad.

Telaraña: Si nos debatimos en la telaraña indica que nos hallamos en una situación delicada y comprometida de la que no sabemos cómo salir. Si soñamos con objetos cubiertos de telarañas es que lo que simbolizan dichos objetos lo hemos olvidado o debemos olvidarlo.

Teléfono: Simboliza las relaciones sentimentales y amorosas. Si nos es imposible establecer comunicación telefónica, revela el temor a la imposibilidad de dicha relación afectiva o a que pueda romperse. Si la comunicación es perfecta igualmente buena será la relación sentimental o amorosa.

Telegrama: Noticias próximas cuya solución reclamará una intervención inmediata y eficaz.

Telescopio: Participar en actividades ajenas a sus intereses puede ser perjudicial para la gestión de los mismos.

Televisión: Ver Película.

Tempestad: Es una manifestación que el destino nos pone a prueba. Presagia una época muy movida en nuestra vida con posibilidad de cambios importantes, buenos o malos. Los fenómenos que acompañen a la tempestad nos aclararán si el resultado final es positivo o negativo.

Terciopelo: Simboliza riqueza sensual. Revela el deseo de relaciones íntimas impregnadas de ternura y erotismo.

Termómetro: La temperatura de un termómetro atmosférico nos informará sobre la evolución de nuestros negocios. Si se trata de un termómetro médico, podrían sorprenderle problemas de salud y obligarle a guardar reposo.

Terremoto: Simboliza la mutación brusca de la vida que puede ser para bien o para mal. Puede revelar una verdadera conmoción del ser y la conciencia, cuyos efectos pueden ser realmente destructores. También puede tratarse del inicio de una transformación claramente positiva y regeneradora de la personalidad.

Terror: Lo primero que debemos hacer con este sueño es desechar que se trate de terror por haber visto alguna película o información que nos produzca este temor. Si no es así, se refiere a inseguridad o a un terror real por algo que nos preocupa. Si los sueños de terror son muy frecuentes, sería conveniente consultar con un especialista dado que pueden reflejar desequilibrios nerviosos que con toda seguridad podrán ser tratados adecuadamente.

Tesoro: Simboliza el conocimiento y la riqueza interior que solo una peligrosa búsqueda permite alcanzar. Si no alcanzamos el tesoro tal y como deseábamos, indica deseos de perfección y la desesperación por no haberlo alcanzado todavía. Si hallamos el tesoro lleno de suciedad, corroído por el tiempo y húmedo es una forma de reconocer interiormente que el tesoro deseado era exclusivamente material y perecedero. Si lo que hallamos son objetos sin valor, indica que nuestros deseos de enriquecernos son utópicos.

Testículos: Soñar que tenemos algún problema en los testículos indica que sus adversarios ganarán la causa para la que reservábamos todos nuestros esfuerzos.

Tía/o: Ver Familia.

Tiburón: Su situación será agitada por ataques solapados y peligrosos.

Tienda de campaña: Simboliza protección y evasión. Soñarnos en el interior de la tienda de campaña es una forma de sentirnos protegidos y resguardados de las inclemencias del mundo exterior. Vernos delante de la misma sin poder entrar, indica el temor a los acontecimientos o la decepción ante un fracaso inesperado. Es un mal augurio que la tienda se nos desplome encima. Soñarnos en la playa, en el campo o en la montaña descansando en el interior de la tienda, también puede revelar la necesidad de relajarnos, sosegarnos y evadir nuestra mente y espíritu o simplemente para huir del frenesí de la vida diaria.

Tienda: Soñar con una tienda en ruinas es una amenaza de ruina en la vida real. La tienda cerrada augura que se avecinan graves problemas. Una tienda repleta, bien ordenada y cuidada es un excelente augurio de riqueza material o espiritual. Si nos vemos a nosotros mismos expuestos en el escaparate, revela un fuerte complejo de inferioridad.

Tierra: Simboliza lo maternal y profundo. Lo apacible y familiar. Soñar con tierra rica, verde y soleada augura riqueza, paz y equilibrio tanto psíquico como físico. Ararla es preparar la riqueza futura. Cosecharla, la riqueza será inmediata. No poder trabajarla, revela que hemos agotado nuestras reservas y capacidades físicas o espirituales. Soñarnos tendidos boca abajo sobre la tierra, revela el ansia de posesión. Hallarnos perdidos en una gran extensión de tierra en la que nos sentimos empequeñecer progresivamente, revela el peligro de la desintegración de nuestra personalidad, quizá por un exceso de soledad. Comer tierra simboliza el sacrificio a la vulgaridad de la vida para alcanzar lo que en ella existe de valioso y eterno.

Tigre: Simboliza la bravura, la ferocidad y la habilidad guerrera. Refleja los aspectos agresivos y dominadores. Siempre ataca a traición.

Tijeras: Tanto puede expresar la creación como la destrucción, el nacimiento o la muerte. Suele pronosticar discusiones o peleas entre esposos o amantes. Si las tenemos en las manos, calumnias y maledicencia, incluso un pleito. Si se nos caen al suelo presagian un duelo en la familia.

Timón: Símbolo de seguridad y rumbo definido, por lo cual cuanto le suceda al timón en nuestros sueños debe aplicarse a la seguridad y buena dirección en el rumbo de nuestra vida.

Tinieblas: Ver Negro.

Tinta, tintero: Si estamos realizando un trabajo con tinta, se atribuye un sentido de prosperidad. Si nos ensuciamos con la tinta o derramamos el tintero es un signo de desgracia y de obstáculos en nuestra tarea.

Tirabuzón: Encuentros felices y reconfortantes.

Títeres: Simbolizan a todos aquellos seres sin consistencia ni voluntad propia que ceden a todos los impulsos exteriores. Si nos vemos manejando títeres, es que en la vida real estamos manipulando o deseando manipular a otras personas para que se plieguen a nuestros deseos. Si somos nosotros los que nos soñamos convertidos en títeres es que alguien está haciendo lo mismo con nosotros.

Toalla: Noticias felices y beneficiosas si la toalla está limpia. Si está sucia indica contrariedades y penas.

Tobogán: La conducción de sus negocios le someterá a duras pruebas.

Tocino: Si el tocino está fresco y es de buena calidad indica ganancias de dinero, éxito en los negocios, alegría y felicidad.

Tomate: Mofas, burlas y agravios.

Topo: Sufriremos ataques solapados y discretos.

Torbellino: Ver Remolino.

Tormenta: Es un signo anunciador de próximas dificultades.

Tornado: Ver Huracán.

Torneo: Ver Pelea.

Tornillo: Indica nuestro deseo de dedicarnos a nuestras aficiones o de completar algún trabajo que tenemos en curso.

Toro: Es el símbolo más primitivo de las fuerzas instintivas y desenfrenadas en todos sus aspectos, tanto destructores como creadores. Ver a un toro majestuoso y desafiante puede ser un sueño favorable que atestigua una pujante energía creadora. Si el toro nos persigue dispuesto a destrozarnos es que en nuestro interior los instintos primitivos están a punto de estallar.

Torpedo: Suele indicar el temor o el deseo de torpedear un asunto, de destruir o inutilizar algo o alguien que se ha convertido en un obstáculo.

Torre: Si una torre solitaria emerge de entre la niebla, de las nubes o de un proceloso mar, indica un proceso de individualización y de maduración en nosotros. Si la torre aparece sólida y claramente recortada sobre el cielo, representa las posibilidades de defensa y nuestra capacidad para salir con éxito de los embates de la vida. En ocasiones la torre también puede ser un símbolo de virilidad, unas veces pujante y otras con el temor a la impotencia que se manifiesta con la torre en ruinas.

Tortuga: Simboliza la longevidad y la protección.

Tos: Incertidumbre y angustia por un futuro poco atrayente.

Trabajo, trabajador: Cuando aparece un trabajador en nuestros sueños delata que algo en dicho trabajo o en su simbolismo tiene una importancia especial para nosotros. El nivel más bajo corresponde a marinos y pescadores porque trabajan al nivel del mar. Simboliza la extracción de los contenidos del inconsciente. Ha de enfrentarse a las fuerzas del inconsciente y de la pasión. Un nivel más elevado corresponde a los labradores, jardineros y demás trabajadores de la campos y valles. Estos trabajadores simbolizan lo mismo que los marinos pero con algo más de intelecto. Los pastores y ganaderos trabajan en la falda de la montaña y simbolizan lo mismo. Los mineros extraen los tesoros de nuestro interior. Los herreros y alfareros son modeladores de nuestra materia prima interior. La cúspide corresponde a los ascetas y los sabios que dirigen la vida en sentido espiritual y material: los guerreros que la defienden y los mártires que la sufren. Este significado es aplicable a cualquier trabajo.

Tractor: Ver Automóvil.

Traducir: Circunstancias o acontecimientos le brindarán explicaciones de real utilidad para la gestión de sus negocios.

Traición: Será abandonado por aquellas personas a quienes había confiado sus secretos y su amistad.

Traje: Ver Ropa.

Trampa: Anuncio de dificultades. Sufrirá las consecuencias si la trampa ha sido tendida contra usted.

Trampolín: Ayuda de apoyos inesperados.

Trapecio: Promesas que entusiasman, pero por su uso reiterado le conducirán a un desastre inevitable.

Trébol: Se considera un símbolo de la Trinidad y por lo tanto siempre es benéfico. Si se trata de un trébol de cuatro hojas simboliza buena suerte.

Tren: Indica un cambio en nuestra vida, pero no lo hacemos solos, sino rodeados de todos los que conocemos. Subir a un tren repleto de gente refleja la necesidad de relaciones con los demás. Si el tren está vacío señala nuestra timidez. Si cuando llega el tren, antes de que subamos al mismo, descienden pasajeros significa que este cambio de vida no es definitivo. Si solo vemos el tren indica que recibiremos una proposición que puede cambiar nuestra vida aunque todavía no hemos decidido si la aceptaremos o no.

Tribu: Representa el círculo de relación en el cual ha implantado su vida.

Tribunal: Ver Juez.

Trigo: Ver Cebada.

Trineo: Momentos de ternura y felicidad.

Trompeta: Anuncio de nuevos y perturbadores sucesos.

Trompo: Verá comprometidos sus esfuerzos en asuntos de los que no extraerá ningún beneficio.

Trono: Orgullo y vanidad. Ambiciones desmesuradas en relación con sus posibilidades reales.

Tropezar: Si alguien tropieza con nosotros indica preocupaciones familiares o profesionales. Si tropezamos con alguien indica que no tomamos las debidas precauciones para alcanzar nuestros objetivos.

Trueno: Noticias que provocarán algún desconcierto en la conducción de sus negocios y relaciones familiares.

Tubo: Nos advierte que nuestros proyectos todavía no están lo suficientemente meditados para lograr lo que deseamos y que no podemos contar con nuestras amistades.

Tumba: Si estos sueños son muy repetitivos, puede tratarse de una neurosis. También puede ser la consecuencia de un reciente duelo. En otros casos indica que estamos pasando por un período de incertidumbre, dudas y añoranza del pasado.

Tumor: Ver Enfermedad.

Túnel: Simboliza una vía de comunicación oscura y tenebrosa entre dos zonas de clara luz. El túnel se asocia a los ritos de iniciación y al nacimiento representada por la vagina materna. Los túneles sombríos e interminables conforman muchas pesadillas en las que se expresan estados de angustia, de inseguridad e inquietud. También puede significar la espera de algo que se desea y se teme no poder obtener.

Túnica: Simboliza al alma en su manifestación más visible, es decir, lo más cercano al espíritu, donde pueden exteriorizarse las penas, los dolores, las cicatrices y las manifestaciones del alma.

Turbante: Asuntos financieros se resolverán a su favor.

Turrón: Ver Golosinas.

— U —

Ubre: Si las vemos llenas de leche indica prosperidad, riqueza, abundancia y fecundidad.

Úlcera: Ver Enfermedad.

Umbral: Simboliza la separación entre dos mundos, entre dos etapas de una vida. Presagia que nos acercamos a un punto crucial de nuestra vida en el que cambiará la orientación de nuestros deseos y ambiciones. Detenernos frente al umbral de una casa o templo sin llegar a cruzarlo, indica el deseo de adherirnos a las reglas y a las personas que allí rigen y habitan, aunque todavía no nos hemos decidido a hacerlo. Detenernos bajo el umbral o cruzarlo equivale a ponernos bajo la protección del señor de la casa o templo.

Uñas: Problemas financieros y relaciones familiares deterioradas a causa de discusiones por intereses profesionales.

Uniforme: Ver Soldados.

Universidad: Búsqueda de nuevas perspectivas para diversificar sus conocimientos.

Universo: Los astros simbolizan el destino. Cuanto más brillantes los soñemos mejor será el presagio y todavía mejor si es un solo astro esplendoroso en el firmamento, en este caso el éxito será inmediato. Si el astro soñado es débil y parpadeante también nuestro destino será decepcionante. Soñar con astros que caen, ennegrecidos e incluso sangrientos presagian grandes desastres.

Urna: Significa el fin de una dependencia moral o material, salvo que estemos arrodillados ante él, en cuyo caso augura penas.

Urraca: Presagia malas noticias relacionadas con robos, envidias, murmuraciones, comadreos, etc.

Uvas: Si las soñamos en racimos simbolizan la fertilidad, la unión y el sacrificio. Es un sueño que siempre promete toda clase de satisfacciones materiales y espirituales.

— V —

Vaca: Simboliza la tierra rica y generosa, la bondad, la paciencia y la fertilidad. Normalmente cuando aparecen en nuestros sueños indica que nos falta alguna de sus cualidades, aunque también existen otros significados. Si las vacas están gordas y lustrosas presagian riqueza y prosperidad. Si están flacas indican pobreza. Una vaca preñada suele anunciar un próximo nacimiento en la familia o que en nuestra mente se está gestando una idea un proyecto que resultará provechoso.

Vacaciones: Si nos vemos gozando de unas vacaciones indica el deseo o la necesidad de un reposo que nos permita reponer nuestras energías. Cuando este sueño se produce después de unas vacaciones reales se trata de una reminiscencia de las mismas.

Vacuna: Ver Doctor.

Vagabundo: Si en el sueño nos vemos como vagabundos, pero los sentimientos son de contento o liberación es que deseamos abandonar una situación, un modo de vida o un vínculo sentimental. Si los sentimientos son tristes, revela un verdadero temor al fracaso y a un futuro que se presenta incierto.

Vajilla: Si los platos están llenos indica desahogo económico. Llenarlos, su situación evolucionará conforme a sus aspiraciones. Vacíos o rotos, dificultades financieras.

Valle: Soñar con un apacible valle es uno de los sueños más prometedores de abundancia y felicidad en todos los terrenos.

Vampiro: Simboliza el ansia inextinguible de vivir, de usar y abusar sin fin. Si vemos un vampiro, debemos tener en cuenta que existen personas que consciente o inconscientemente son capaces de absorber nuestra energía en su provecho. Si nos ataca un vampiro, nos previene que existe alguien que desea abusar en su provecho de nuestra energía, nuestro dinero o nuestra sexualidad. Soñarnos a nosotros convertidos en vampiros, revela el peligro dejarnos arrastrar por nuestros apetitos vitales con ansia creciente e imposible de apaciguar, convirtiéndonos en una amenaza tanto para nosotros como para los demás.

Vaquero: Indica que la tosquedad de su comportamiento no influirá de ningún modo en la validez de las decisiones tomadas a favor de sus intereses.

Varices: Refleja problemas en su estado de salud debido al cansancio.

Vasija, vaso: Si está llena el significado de este sueño está en relación con el líquido contenido y el uso que se hace de él. Vacía augura tristezas y penas. Rota, separación afectiva.

Vecino: Motivos de conflicto en sus relaciones familiares. Habladurías inútiles.

Vehículo: Ver Automóvil.

Vejez: Si el lector es de edad avanzada representa sabiduría. Es un sueño benéfico y protector sea hombre o mujer. Velan por nosotros. Estos sueños son buenos y siempre son trascendentales e impresionan. Si el anciano es malvado lo que se refleja en el sueño es nuestra maldad oculta.

Vela: Augura bienestar y riquezas que se adquirirán con esfuerzo. Si durante el sueño se apagan las velas presagia que nuestro trabajo habrá sido en vano. Cuando la llama de una vela es firme, luminosa y se eleva verticalmente sin apenas humear, es que sabemos muy bien lo que queremos en la vida. Una vela de llama vacilante, que arde con dificultad y abundante humo indica que nuestras ideas son frágiles e inestables. Si se apaga es que estamos llegando al límite de nuestras posibilidades. Cuando encendemos una vela para alumbrar un sitio oscuro y se enciende bien, indica que emprenderemos con decisión y eficaz preparación un viaje espiritual hacia nuestro interior. Si arde con dificultad indica que todavía no estamos preparados para este viaje.

Velero: Ver Barco.

Vello: Es un signo de virilidad siempre que se encuentre en algunas partes del cuerpo como el pecho, los brazos y las piernas y en la debida proporción. El exceso de vello en las mujeres manifiesta una vida instintiva y sensual. Ser lampiños es un indicio que estamos mostrando una excesiva debilidad de carácter.

Velo: Si estamos evolucionando espiritualmente, el velo simboliza la separación de la vida profana. La separación entre la vida externa y la interna, material una y dedicada a la divinidad la otra. Si somos personas normales, soñar a alguien con el rostro cubierto por un velo indica que no es sincero, que tiene algo que ocultar e intenta hacerlo aun cuando no lo consiga totalmente. A veces y si somos una mujer, soñar con un rostro velado indica que se trata de un anuncio ya sea de boda o de un duelo.

Venda: Simbolizan el dolor y la ceguera dependiendo de su localización. Indica que alguien intentará beneficiarse a costa de nuestro dolor o que estamos ciegos ante las cosas y los hechos. Esto puede causarnos muchos desengaños, tanto en la vida material como en la sentimental.

Veneno: Sus adversarios serán particularmente nocivos.

Ventana: Simboliza la receptividad y la proyección en distancia, tanto en lo espiritual cuando la ventana es circular, como en lo material y terreno si es cuadrada o rectangular. Si la vista a través de la ventana nos resulta agradable y soleada, revela que nuestras esperanzas y posibilidades se convertirán en realidad en un futuro próximo. Si sólo observamos oscuridad es que el futuro se presenta muy incierto, tanto en lo material como en lo espiritual. Si en lugar de mirar por la ventana, nos hallamos en el interior de la habitación y vemos cómo a través suyo penetra la claridad exterior es que somos receptivos a las influencias positivas que puedan llegar a nosotros. Cuando no penetra la luz y solo percibimos oscuridad indica nuestra falta de receptividad y nuestra cerrazón. Si deseamos asomarnos a la ventana, pero no nos atrevemos a hacerlo es una muestra de incertidumbre y el miedo a las consecuencias de una determinada acción nuestra. Soñarnos espiando a través de una rendija abierta entre las persianas, revela una curiosidad de tipo sexual. Las ventanas enrejadas denotan una tendencia a sustraernos a la realidad. También, pero en menor grado si está cubierta por unos visillos o cortinas. Las ventanas cerradas que no pueden abrirse, revelan que en estos momentos nos sentimos ahogados, limitados y sin la posibilidad de seguir adelante. Cuando nos vemos saliendo o entrando por una ventana, indica que hemos tomado una decisión equivocada, un falso camino, ya sea un negocio, un proyecto o una relación sentimental.

Verano: Significa plenitud, realización y riqueza. Presagia que no tardará en llegar a su fructífera culminación aquello que proyectamos o ya se halla en curso.

Verde: Simboliza la vida, la esperanza y la inmortalidad. También simboliza veneno y muerte. Cuando en un sueño de nieve y frío, o de estéril desierto, aparece el color verde es una promesa de vida y esperanza. Si se trata de un sueño de verde en exceso, significa un desbordar de la vida vegetativa, instintiva, que puede ahogar al resto de la personalidad. En general el verde en los sueños simboliza la sensibilidad y la inmadurez, e indica que aquello a lo que aspiramos o proyectamos todavía está inmaduro para que pueda hacerse realidad.

Verduras: Si las verduras están en buenas condiciones indica felicidad floreciente. Si están mal es la felicidad del conformista.

Verruga: Se le reprocharán acciones culpables si usted no guarda la debida discreción sobre sus asuntos.

Vestido: Ver Ropa.

Viaje: Presagia cambios en nuestra situación y trabajo. Si estamos en el extranjero y no nos movemos de allí, revela que nuestra mente es inestable. Si vamos o volvemos del extranjero: si visualizamos las incidencias del viaje, se refiere a un cambio en nuestra situación o a una etapa en nuestra vida. Cuando el viaje se inicia y finaliza el sueño, o de repente ya nos vemos en un lugar de diversión, indica deseo de que algo cambie en nuestra vida (acompañado de sensación de alivio y alegría) o temor de que algo cambie en nuestra vida (acompañado de sensación triste y melancólica). Si soñamos que son otros quienes van al extranjero, presagia que nuestros competidores abandonan la lucha dándose por vencidos.

Víbora: Puede simbolizar algún poderoso impulso interno, como el temor a traiciones procedentes del exterior.

Victoria: Sinsabores, derrota y humillación dentro de poco tiempo.

Vid: El vino simboliza la riqueza y el conocimiento. El racimo de uvas es símbolo de fecundidad y sacrificio.

Viento: Cuando en sueños aparece viento es que se anuncian acontecimientos importantes, tanto mayores cuanto más violento sea el viento. Cuando se acerca la tempestad es que se acerca una conmoción espiritual. El viento también puede ser el anuncio de grandes cambios económicos, profesionales o sentimentales, como una advertencia contra nuestra inconstancia o nuestra vanidad.

Vientre: Simboliza a la madre y al deseo o a la necesidad de ternura y protección. También puede simbolizar al vientre insaciable de gula, sexo y afán de posesión.

Vinagre: Molestias y peleas.

Vino: El vino simboliza la riqueza y el conocimiento. El racimo de uvas es símbolo de fecundidad y sacrificio.

Violeta (Color): Simboliza el otoño y el tránsito entre la vida y la muerte. También simboliza la sumisión y la obediencia. Es el color del misterio, del secreto y del más allá. **(Flor):** Es el más popular símbolo de la modestia.

Violín: Tocar el violín en sueños es la forma más segura de ganar el amor de la persona a quien deseamos.

Virgen: Soñar con La Virgen o con otros seres celestiales es uno de los mejores sueños que se pueden tener. Auguran el fin de todos los problemas que en estos momentos atormentan al soñador. En sentido espiritual el sueño refleja nuestra entrega al Supremo. Si la Virgen está triste, amenazadora o furiosa el cambio es para mal y en sentido espiritual refleja nuestros temores e inseguridades.

Viruela: Ver Enfermedad.

Visitas: En muy raras veces puede tratarse de una premonición si reconocemos a la persona que visitamos o que nos visita. Casi siempre se trata de sueños que revelan nuestra necesidad de relacionarnos con otras personas.

Viudo: Verse en este estado si no es real, anuncia un próximo cambio de situación que beneficiará su vida afectiva y sus intereses financieros.

Volar: Es un símbolo del pensamiento y la imaginación. Siempre expresa un deseo de escapar a las situaciones y problemas de la vida diaria, de superarlas a como de lugar. Existen algunos casos que expresan el deseo de acceder a un estado espiritual superior. No debemos confundir este sueño con los de aviones.

Volcán: El volcán simboliza una mutación brusca de la vida real y las pasiones largamente reprimidas que pueden llegar a estallar con toda violencia. Si conseguimos domar estas pasiones se convierten en fuente de vida espiritual.

Vomitar: Si vomitamos en sueños indica que nos reprocharán acciones deshonestas. Si nos manchamos, vergüenza y humillación. Ver vomitar a otra persona indica que se le devolverá lo que se le había arrebatado.

Votar: Indica que se le requerirá para que se comprometa en favor de un personaje influyente o para que tome decisiones importantes para las que carece de posibilidades.

— W —

Whiskey: Si lo esta tomando con alguien: futuras relaciones amorosas agradables y apasionantes. Si lo toma solo: posibles problemas económicos.

Wafle: Comerlo, significa ansiedad y preocupación, prepararlo y servirlo a otras personas, indica vocación de servicio. Futuro próspero económico y familiar.

— X —

Xerocopiar: Es tiempo de meditar en todos los ámbitos personales y familiares, principalmente en el amoroso, conviene evaluar nuestra relación actual, para tomar decisiones importantes en el futuro de ella.

— Y —

Yate: Revela un amor irreflexivo a la libertad y el rechazo a toda limitación y atadura. Si el sueño sirve de advertencia e invita a ser más realistas y reflexivos habrá sido útil, pero de no ser así, será una muestra más de inmadurez.

Yegua: Ver Caballo.

Yelmo: El personaje que aparece con el yelmo intenta ocultar sus intenciones o personalidad a los demás o a nosotros mismos. Si el yelmo es de líneas anatómicas y sin decoraciones, deja ver que se ocultan pensamientos prácticos y relacionados con la acción directa. Un yelmo bellamente decorado puede interpretar que lo que se oculta son pensamientos de grandeza y aventura fuera de la realidad.

Yerno: Ver Familia.

Yeso: El yeso anuncia tristeza y pesadumbre. Tener un miembro enyesado indica riesgo de accidente.

Yoga: Su capacidad de decisión impondrá respeto y disciplina. Será reconocido, apreciado y estimado.

Yunque: El yunque significa el principio pasivo frente al martillo, que es el principio activo. Cuando en sueños aparece un yunque, es que en estos momentos nuestra actitud en la vida sólo puede ser pasiva y que nos vemos obligados a soportar los golpes del destino sin poder hacer nada por evitarlos.

— Z —

Zanahoria: Recién cosechada indica alegría familiar, entendimiento y comprensión mutua. Echadas a perder y de color desagradable, usted será el culpable de una separación.

Zancos: Indica que usted trata de engañara su entorno, pero no llega a engañarles del todo.

Zanja: Simboliza problemas y dificultades muchas veces creados por nosotros mismos y por nuestra conducta. Si vemos la zanja a tiempo indica que aún estamos en condiciones de evitar el peligro que se avecina. Si saltamos por encima, lograremos salvar todas las dificultades. Si nos caemos dentro, fracasaremos en nuestra empresa. Si la zanja es mortuoria y lleva inscrito nuestro nombre o el de nuestra empresa, indica que debemos abandonar la lucha y emprender un nuevo rumbo, cambiando nuestra actitud hasta ahora errónea.

Zapatos: Símbolo de libertad. Soñarnos con los zapatos puestos y sucios indica sentimientos de culpa. Andar sin zapatos, peligro de vernos sometidos a los demás. Vernos sin zapatos y sin andar revela temor a la pobreza. Vernos bien calzados equivale a sentirnos libres. Soñarnos con zapatos infantiles revela que somos inmaduros. Si el zapato nos aprieta, aún no sabemos desenvolvernos con la libertad de una nueva situación. Si se nos rompe un zapato presagia la pérdida de nuestra libertad.

Zorro: Mal presagio. Un allegado se revelará como nocivo para sus ambiciones e intereses, salvo que lo capturemos y lo matemos, en cuyo caso triunfará sobre los hechos contrarios a sus deseos.

Zurdo: Vernos zurdos en sueños si no lo somos en la realidad, presagia ayuda y protección en sus decisiones. Cuide la conservación de sus posesiones. La discreción y la cordura serán sus mejores aliados, sino se encontrará envuelto en rivalidades y conflictos.

Otras Obras de la editorial Aimee SBP™

Un Regalo para el Alma, *José María Ventura.*

El libro original que conmovió y cambió la vida de miles de lectores. Una hermosa colección de historias, anécdotas y pensamientos que te inspirarán y motivarán a alcanzar tus metas (ilustrado). Todos necesitamos de vez en cuando un "empujoncito" para inspirarnos, levantar el ánimo y seguir nuestro camino... Este libro te traerá paz y felicidad en momentos difíciles.

Un Regalo para el Alma 2, *José María Ventura.*

Este segundo libro continúa tu jornada hacia la conquista de tus sueños y metas. Nuevas narraciones, anécdotas y pensamientos que te inspirarán y motivarán a alcanzar tus metas. (Contiene ilustraciones). Incluye clásicos como "El abrazo del oso" y "Desiderata" entre muchos otros.

Un Regalo para el Alma 3, *José María Ventura.*

Tercer libro en la exitosa serie, con más narraciones, anécdotas y pensamientos que te inspirarán y motivarán a alcanzar tus metas. (Contiene ilustraciones). Incluye clásicos como "En vida, hermano en vida" y "Huellas" este libro te motivará y hará reflexionar, y así te llenará de entusiasmo para luchar por conquistar tus sueños.

Pilares de la Excelencia *José María Ventura*

Todos poseemos todo lo necesario para cambiar y mejorar nuestras vidas. Pero el primer paso es estar convencidos de que lo podemos hacer. Este libro te presenta los 10 Pilares de la Excelencia; al conocerlos y ponerlos en práctica, lograrás no sólo el éxito que te propongas, sino que trascenderás hacia la excelencia obteniendo una vida más plena y feliz.

33,000 Nombres para Bebé

Compendio de los nombres más populares. Descubra el origen y significado de más de 33,000 nombres de origen Italiano, Latín, Hebreo, Griego, Germano, Árabe, Inglés, Castellano, Francés; así como nombres menos comunes de origen Maya, Tarasco, Inca, Azteca y Náhuatl.

200 Poemas de Amor
Colección de oro de los más famosos autores

Una selección de las más bellas poesías de amor de todos los tiempos. Incluye poemas de: Pablo Neruda, Amado Nervo, Rubén Darío, Gabriela Mistral, Gustavo A. Bécquer, Federico García Lorca, Antonio Machado, Mario Benedetti y Juan Ramón Jiménez entre otros.

El Pequeño Gran Guerrero, *Eduardo Cholula*

Ni bien acabes de empezar a leer éste escrito serás primero, tomado de la mano por un maravilloso niño y su historia para descubrir, poco después, que fuiste atrapado y no recuperarás tu libertad sino hasta cuando termines de leer, de golpe, el texto completo.

Mi razón de vivir, *Eduardo Cholula*

Es un libro fabuloso, lleno de inspiración y motivación que te contagia a ser un mejor ser humano. Nos enseña como eliminar la insatisfacción y reemplazarla con la grata sensación de felicidad y autorrealización por medio del conocimiento de uno mismo.

Como un hombre piensa, así es su vida, *James Allen*

Este libro es una de las obras más reconocida del gran escritor James Allen, uno de los autores de superación personal más leídos y reconocidos de todos los tiempos. Esta obra ha sido traducida a más de cincuenta idiomas y ha cambiado la vida de millones de lectores. En ella, el autor plantea la idea de que nuestros pensamientos son las semillas de aquello que más tarde fructificará en nuestras vidas. Este libro, –convertido ahora ya en un clásico–, ha influenciado e inspirado poderosamente a un sinúmero de escritores y motivadores famosos, entre ellos: Norman Vincent Peale, Brian Tracy, Mark Victor Hansen, Denis Waitley, Anthony Robbins y Og Mandino. Muchas de las obras de estos reconocidos autores contienen en su base más fundamental, los principios e ideas de James Allen. Este libro es una joya de ética, virtud y responsabilidad personal.

La Ciencia de Hacerse Rico, *Wallace D. Wattles*

La Ciencia de Hacerse Rico es una guía práctica para conseguir el éxito y la prosperidad en la vida mediante un cambio de actitud y un desarrollo personal. ¿Piensas que la obtención de la riqueza es una ciencia exacta, como las matemáticas y la física? ¿Existen leyes y principios que, si los sigues al pie de la letra, podrán garantizar tu éxito? Y si es así ¿Dónde está la evidencia de todo esto? El autor tiene las respuestas a todas estas preguntas, y un gran número de escritores, conferencistas y líderes del éxito han tomado lo que él escribió, y lo han aplicado en sus propias vidas con resultados excepcionales. Si estás listo para abandonar las excusas y comenzar tu jornada hacia la riqueza y la prosperidad, este es el libro que habías estado buscando. Únete a los miles de triunfadores que han descubierto y a diario practican La Ciencia de Hacerse Rico.

Para información y ventas llame gratis al **(888) 246–3341** (EU) o visite **www.AimeeSBP.com** Comuníquese con nosotros también si usted quiere publicar sus libros o audio libros. Gracias.

www.ingramcontent.com/pod-product-compliance
Lightning Source LLC
Chambersburg PA
CBHW070639050426
42451CB00008B/230